NAJBOLJA KNJIGA RECEPATA ZA KOLAČE ZA SVAKOGA

100 nevjerojatnih recepata za torte, kolače, kekse i muffine za svaku priliku

Dora Srna

Sva prava pridržana.

Odricanje

Informacije sadržane u ovoj e-knjigi služe kao sveobuhvatna zbirka strategija o kojima je autor ove e-knjige istraživao. Sažeci, strategije, savjeti i trikovi samo su preporuke autora, a čitanje ove e-knjige ne jamči da će nečiji rezultati točno odražavati rezultate autora. Autor e-knjige uložio je sve razumne napore da pruži aktualne i točne informacije za čitatelje e-knjige. Autor i njegovi suradnici neće biti odgovorni za eventualne nenamjerne pogreške ili propuste. Materijal u e-knjigi može uključivati informacije trećih strana. Materijali trećih strana sadrže mišljenja koja su izrazili njihovi vlasnici. Kao takav, autor e-knjige ne preuzima odgovornost za materijale ili mišljenja trećih strana.

E-knjiga je zaštićena autorskim pravima © 2023 sa svim pridržanim pravima. Protuzakonito je redistribuirati, kopirati ili stvarati radove izvedene iz ove e-knjige u cijelosti ili djelomično. Nijedan dio ovog izvješća ne smije se reproducirati ili ponovno prenositi u bilo kojem obliku reproduciranja ili ponovnog prijenosa bez pisanog i potpisanog dopuštenja autora.

SADRŽAJ

SADRŽAJ 3
UVOD 7
PITE 9
   1. Pita od bundeve 10
   2. Južna pita od batata 12
   3. Pita od brusnica 14
   4. Talijanska pita od artičoka 16
   5. Pita sa mesnim okruglicama od špageta 18
   6. Kremasta pita od ricotte 20
   7. Torta od bundeve i sira 22
   8. Rustikalna pita iz vikendice 24
SUFLE 27
   9. Sufle od kukuruza 28
   10. Sufle od mrkve za Dan zahvalnosti 30
   11. Fantazijski desert od jabuka 32
   12. Soufflé od tikve od žira 34
   13. Soufflé od marelica i pistacija 36
   14. Soufflé od brokule 38
   15. Soufflé od nevena 40
   16. Soufflé od čokoladnog oblaka 42
   17. Soufflé od palog limuna 44
   18. Soufflé od smrznutih brusnica sa uvrtanim šećerom ... 47
TORTA 50
   19. Pumpkin Dump Cake 51
   20. Mješavina za kolače Schwarzwald torta 53
   21. Mješavina za tortu Trešnja Cordial Cake 55
   22. Mješavina za tortu Kolač od tikvica 57
   23. Čokoladni poke kolač 59
   24. Toffee Poke torta 61

25. Puding kolač od pudinga 63
26. Čokoladna torta od badema 65
27. Kolač od kave od ananasa 67
28. Glazirana torta od cikle 69
29. Moist Stoner's Cake 71
30. Čokoladni slojeviti kolač 73
31. Tres Leches torta 75
32. Torta s kremom od vanilije i jagode 78
33. Španjolski kolač od sira 80

BROWNIES **82**
34. Mješavina za kolače od konoplje Brownies 83
35. Triple Fudge Brownies 86
36. Brownies s krem sirom 88
37. Brownies s kikirikijem 90
38. Brownie Bites 93
39. Choc chip Bud Brownies 95
40. Brownies s lješnjacima 97
41. Niskougljikohidratni kolačići 99
42. Grasshopper Brownies 101
43. Brownies s mentom 103
44. Čokoladni kolačići s lješnjacima 106
45. Masa od kikirikija i želea 109
46. No-Bake Almond Fudge 111
47. Proteinske pločice Red Velvet Fudge 113
48. Fudge Munchies 115
49. Mocha kolačići s glazurom 117
50. Plavuše s chia sjemenkama od pekan maslaca 119
51. Jabučni kolačići 122
52. Brownies od kore paprene metvice 124
53. Pločice s maslacem od kikirikija 126
54. Omiljeni kolačići s tikvicama 129

55. Sladni čokoladni kolačići 131
56. Njemački čokoladni kolačići 133
57. Mačka od zelenog čaja Matcha 135
58. Medenjaci od medenjaka 137

KOLAČIĆI 139
59. Kolačići od pereca i karamele 140
60. Kolačić od konoplje 142
61. Kolačići od mješavine kolača 144
62. Devil Crunch Cookies 146
63. Pecan kolačići 148
64. Brownies sa šlagom 150
65. Mješavina za kolače Sendvič kolačići 152
66. Granola i čokoladni kolačići 154
67. Šećerni kolačići 156
68. Njemački kolačići 158
69. Kolačići od anisa 160
70. Kolačići s komadićima čokolade 162
71. Slatki zeleni kolačići 164
72. Kolačići s komadićima čokolade 166
73. Kolačići za predjelo od sira 168
74. Kolačići sa šećerom od badema 170
75. Šećerni kolačići 172
76. Šećerni kolačići s glazurom od putera 174
77. Šećerni kolačići od badema 177
78. Amiški šećerni kolačići 179
79. Osnovni šećerni kolačići od svinjske masti 181
80. Kolačići sa šećerom od cimeta 183
81. Izlomljeni šećerni kolačići 185
82. Pecan šećerni kolačići 187

CUPCAKEKSI I MUFFINI 189
83. Mješavina za kolače od limuna 190

84. ČOKOLADNI KARAMEL KOLAČIĆI 192
85. MUD PIE CUPCAKES 194
86. SMJESA ZA TORTU PUMPKIN MUFFINS 196
87. MJEŠAVINA ZA KOLAČ PRALINE CUPCAKES 198
88. PIÑA COLADA KOLAČIĆI 200
89. CHERRY COLA MINI KOLAČI 202
90. RED VELVET CUPCAKES 204
91. KOLAČIĆI OD PITE OD JABUKA 206
92. MIŠJI KOLAČIĆI 208
93. KIRSCH ČOKOLADNI MUFFINI 210
94. MUFFINI OD MRKVE 212
95. KOLAČIĆI S RUMOM I GROŽĐICAMA 214
96. KOLAČIĆI S VRUĆOM ČOKOLADOM 217
97. BANANA CRUMBLE MUFFINI 219
98. MUFFINI S LIMUNOM I KOKOSOM 221
99. CUPCAKES S FRANCUSKIM TOSTOM 223
100. KOLAČIĆI S KOLIBRIĆEM 226

ZAKLJUČAK **229**

UVOD

Pečenje je proces kuhanja suhom toplinom, posebno u nekoj vrsti pećnice. To je vjerojatno najstariji način kuhanja. Pekarski proizvodi, koji uključuju kruh, peciva, kolačiće, pite, peciva i muffine, obično se pripremaju od brašna ili krupice dobivene od nekog oblika žitarica.

Brašno je osnovni sastojak kolača, peciva, kruha i niza drugih pekarskih proizvoda. Osigurava strukturu ili okvir hrane. Za pečenje se koriste različite vrste brašna, ali se najčešće koristi višenamjensko brašno koje se može koristiti za sve vrste peciva. Za kolače je najbolje koristiti brašno za kolače zbog njegove lakoće i niskog udjela bjelančevina, dok je brašno za kruh najprikladnije za kruh zbog visokog udjela bjelančevina. Ostala brašna koja se koriste u pekarstvu uključuju brašno od cjelovitog zrna pšenice, brašno za peciva itd.

Šećer ne služi samo kao zaslađivač. Također je zaslužan za mekanost kolača jer ometa hidrataciju brašna koja je neophodna za razvoj glutena. Šećer također daje zlatno smeđu boju kolačima ili kruhu. Najviše se koristi rafinirani bijeli šećer ili granulirani šećer, iako neki recepti zahtijevaju smeđi šećer, pa čak i slastičarski šećer.

Masnoća je također potrebna za pečenje jer čini pečene proizvode mekanima, vlažnima i bogatima. Maslac ili margarin obično se preferiraju zbog njihova okusa i dodatne boje. Skraćivanje se također često koristi dok drugi navode ulje. Maslac se može umutiti ili otopiti ovisno o upotrebi.

Za dizanje kolača dodaju se sredstva za dizanje. To proizvodi ugljični dioksid koji je uvelike odgovoran za dizanje kolača ili njegov volumen. Također čine kolač laganim i poroznim. Prašak za pecivo, soda bikarbona i kvasac primjeri su dizalaca koji se koriste u pekarstvu. Prva 2 se koriste za kolače i peciva, dok se kvasac koristi za kruh.

Da bi se tijesto držalo zajedno i da bi se svi sastojci pomiješali, dodaje se tekućina. Tekućina može biti u obliku vode, mlijeka ili sokova. Mlijeko se odnosi na punomasno kravlje mlijeko. Za zamjenu konzerviranim evaporiranim mlijekom; razrijedite u omjeru 1:1. Kao zamjena može poslužiti i punomasno mlijeko u prahu, jednostavno ga prije upotrebe otopite u vodi.

Za dodatnu strukturu, bogatstvo i hranjivost dodaju se jaja - cijela, samo žumanjci ili samo bjelanjci. Važno je koristiti jaja iste veličine.

Na kraju, kako bi kolači bili ukusniji i zanimljiviji, dodajte orašaste plodove, sušeno voće, arome, začine, pa čak i svježe voće.

PITE

1. Pita od bundeve

Prinos: 8 porcija

Sastojci:
- 1 limenka (30 oz.) mješavine za pitu od bundeve
- 2/3 šalice evaporiranog mlijeka
- 2 velika jaja, istučena
- 1 nepečena kora za pitu od 9 inča

Upute:
a) Zagrijte pećnicu na 425 stupnjeva Fahrenheita.
b) U velikoj zdjeli za miješanje pomiješajte smjesu za pitu od bundeve, evaporirano mlijeko i jaja.
c) Ulijte nadjev u koru pite.
d) Pecite 15 minuta u pećnici.
e) Povisite temperaturu na 350°F i pecite još 50 minuta.
f) Lagano ga protresite da vidite je li potpuno pečen.
g) Ohladite 2 sata na rešetki.

2. Južna pita od slatkog krumpira

Prinos: 10 porcija

Sastojci:
- 2 šalice oguljenog, kuhanog slatkog krumpira
- ¼ šalice otopljenog maslaca
- 2 jaja
- 1 šalica šećera
- 2 žlice burbona
- 1/4 žličice soli
- 1/4 žličice mljevenog cimeta
- 1/4 žličice mljevenog đumbira
- 1 šalica mlijeka

Upute:
a) Zagrijte pećnicu na 350 stupnjeva Fahrenheita.
b) Sve sastojke, osim mlijeka, u potpunosti izmiješajte u električnoj miješalici.
c) Dodajte mlijeko i nastavite miješati kada se sve sjedini.
d) Ulijte nadjev u koru pite i pecite 35-45 minuta ili dok nož umetnut blizu sredine ne izađe čist.
e) Izvadite iz hladnjaka i ostavite da se ohladi na sobnoj temperaturi prije posluživanja.

3. Pita od brusnica

Prinos: 8 porcija

Sastojci
- 2 kore za pitu
- 1 pakiranje želatine; okus naranče
- ¾ šalice kipuće vode
- ½ šalice soka od naranče
- 1 limenka (8 oz) žele umaka od brusnica
- 1 žličica naribane korice naranče
- 1 šalica hladnog pola-pola ili mlijeka
- 1 pakiranje Jell-O instant pudinga, francuska vanilija ili okus vanilije
- 1 šalica tučenog preljeva Cool Whip
- Zamrznute brusnice

Upute:
a) Zagrijte pećnicu na 450°F
b) Želatinu stavite kuhati i otopite. Ulijte sok od naranče. Stavite zdjelu u veću zdjelu za led i vodu. Ostavite 5 minuta, redovito miješajući, dok se želatina malo ne zgusne.
c) Dodajte umak od brusnica i koricu naranče i promiješajte da se sjedini. Kore za pitu napunite nadjevom. Ohladite oko 30 minuta, ili dok se ne stegne.
d) U srednje veliku zdjelu za miješanje ulijte pola i pola. Ubacite smjesu za punjenje pita. Miješajte dok se potpuno ne sjedini.
e) Ostavite sa strane 2 minute, ili dok se umak malo ne zgusne. Na kraju dodajte umućeni preljev.
f) Nježno rasporedite smjesu želatine po vrhu. Ohladite 2 sata ili dok se ne stegne.

4. Talijanska pita od artičoka

Porcije: 8 porcija
Sastojak
- 3 jaja; pretučen
- Pakiranje krem sira od 3 oz s vlascem; Omekšao
- ¾ žličice češnjaka u prahu
- ¼ žličice papra
- 1½ šalice sira Mozzarella, dio obranog mlijeka; Isjeckan
- 1 šalica ricotta sira
- ½ šalice majoneze
- 1 14 Oz može Srca od artičoke; Ocijeđeno
- ½ 15 oz limenka Garbanzo grah, konzerviran; Isprati i ocijediti
- 1 2 1/4 oz limenka narezanih maslina; Ocijeđeno
- 1 2 Oz Jar Pimientos; Narezano na kockice i ocijeđeno
- 2 žlice peršina; Odrezano
- 1 kora za pitu (9 inča); Nepečen
- 2 male rajčice; Narezan na kriške

Upute:
a) Pomiješajte jaja, krem sir, češnjak u prahu i papar u velikoj posudi za miješanje. Pomiješajte 1 šalicu mozzarella sira, ricotta sira i majoneze u zdjeli za miješanje.
b) Miješajte dok se sve dobro ne sjedini.
c) Prerežite 2 srca artičoke na pola i ostavite sa strane. Ostatak srca nasjeckajte.
d) U smjesu sira pomiješajte nasjeckana srca, garbanzo grah, masline, pimientos i peršin. Smjesom napunite kalup za tijesto.
e) Pecite 30 minuta na 350 stupnjeva. Odozgo treba posuti preostali sir mozzarella i parmezan.
f) Pecite još 15 minuta ili dok se ne stegne.
g) Ostavite da se odmori 10 minuta.
h) Po vrhu posložite kriške rajčice i srca artičoka narezana na četvrtine.
i) Poslužiti

5. Pita sa mesnim okruglicama od špageta

Porcije: 4-6

Sastojci:
- 1 - 26 oz. vrećica goveđih mesnih okruglica
- 1/4 šalice nasjeckane zelene paprike
- 1/2 šalice nasjeckanog luka
- 1 - 8 oz. paket špageta
- 2 jaja, malo tučena
- 1/2 šalice ribanog parmezana
- 1-1/4 šalice naribanog sira mozzarella
- 26 oz. staklenka krupnog umaka za špagete

Upute:
a) Zagrijte pećnicu na 375°F. Pirjajte papriku i luk dok ne omekšaju, oko 10 minuta. Staviti na stranu.
b) Špagete skuhajte, ocijedite i isperite hladnom vodom te osušite. Stavite u veliku zdjelu za miješanje.
c) Dodajte jaja i parmezan i promiješajte da se sjedini. Utisnite smjesu na dno prskanog tanjura za pitu od 9 inča. Povrh stavite 3/4 šalice naribanog sira mozzarella. Odmrznite smrznute mesne okruglice u mikrovalnoj pećnici 2 minute.
d) Svaku polpetu prerežite na pola. Složite polovice mesnih okruglica preko smjese sira. Pomiješajte umak za špagete s kuhanom paprikom i lukom.
e) Žlicom prelijte sloj mesnih okruglica. Lagano prekrijte folijom i pecite 20 minuta.
f) Izvadite iz pećnice i pospite 1/2 šalice mozzarelle sira preko smjese umaka za špagete.
g) Nastavite peći nepokriveno još 10 minuta dok ne postane mjehurić. Narežite na kriške i poslužite.

Kremasta pita od ricotte

Porcije: 6

Sastojci:
- 1 kupovna kora za pitu
- 1 ½ lb. ricotta sira
- ½ šalice mascarpone sira
- 4 razmućena jaja
- ½ šalice bijelog šećera
- 1 žlica rakije

Upute:
a) Zagrijte pećnicu na 350 stupnjeva Fahrenheita.
b) Pomiješajte sve sastojke za punjenje u zdjeli za miješanje. Zatim smjesu izliti u koru.
c) Zagrijte pećnicu na 350°F i pecite 45 minuta.
d) Ohladite pitu najmanje 1 sat prije posluživanja.

6. Pita od bundeve sa sirom

Čini 1

Sastojci
Kora
- 3/4 šalice bademovog brašna
- 1/2 šalice obroka od lanenog sjemena
- 1/4 šalice maslaca
- 1 čajna žličica. Začin za pitu od bundeve
- 25 kapi tekuće stevije

Ispuna
- 6 oz. Veganski krem sir
- 1/3 šalice pirea od bundeve
- 2 žlice kiselog vrhnja
- 1/4 šalice veganskog vrhnja
- 3 žlice maslaca
- 1/4 žličice. Začin za pitu od bundeve
- 25 kapi tekuće stevije

Upute
a) Pomiješajte sve suhe sastojke za koru i dobro promiješajte.
b) Zgnječite suhe sastojke s maslacem i tekućom stevijom dok ne dobijete tijesto.
c) Za vaše mini kalupe za tart, razvaljajte tijesto u male kuglice.
d) Pritisnite tijesto uz rub kalupa za tart dok ne dosegne i ne podigne se uz rubove.
e) Pomiješajte sve sastojke za punjenje u posudi za miješanje.
f) Pomiješajte sastojke za nadjev pomoću uronjenog blendera.
g) Kada sastojci za nadjev budu glatki, rasporedite ih u koru i ohladite.
h) Izvadite iz hladnjaka, narežite i premažite po želji šlagom.

7. Rustikalna pita iz vikendice

Za 4 do 6 porcija

Sastojci
- Yukon Gold krumpir, oguljen i narezan na kockice
- 2 žlice veganskog margarina
- 1/4 šalice običnog nezaslađenog sojinog mlijeka
- Sol i svježe mljeveni crni papar
- 1 žlica maslinovog ulja
- 1 srednja glavica žutog luka, sitno nasjeckana
- 1 srednja mrkva, sitno nasjeckana
- 1 rebro celera, sitno narezano
- 12 unci seitana, sitno nasjeckanog
- 1 šalica smrznutog graška
- 1 šalica smrznutih zrna kukuruza
- 1 žličica sušenog čubra
- 1/2 žličice suhe majčine dušice

Upute

a) U loncu s kipućom slanom vodom kuhajte krumpir dok ne omekša, 15 do 20 minuta.
b) Dobro ocijedite i vratite u lonac. Dodajte margarin, sojino mlijeko te sol i papar po ukusu.
c) Gnječilicom za krumpir grubo zgnječiti i ostaviti sa strane. Zagrijte pećnicu na 350°F.
d) U velikoj tavi zagrijte ulje na srednje jakoj vatri. Dodajte luk, mrkvu i celer.
e) Poklopite i kuhajte dok ne omekša, oko 10 minuta. Premjestite povrće u posudu za pečenje 9 x 13 inča. Umiješajte seitan, umak od gljiva, grašak, kukuruz, slanu čašu i timijan.
f) Začinite solju i paprom po ukusu i smjesu ravnomjerno rasporedite po tepsiji.
g) Odozgo stavite pire krumpir, rasporedite po rubovima posude za pečenje. Pecite dok krumpir ne porumeni i dok nadjev ne postane mjehurić, oko 45 minuta.
h) Poslužite odmah.

SUFLE

8. Kukuruzni sufle

Prinos: 8-10 porcija

Sastojci:
- 1 srednji luk
- 5 lbs. smrznuti kukuruz šećerac
- 6 šalica Monterey Jacka, nasjeckanog
- 3 jaja
- 1 žličica soli

Upute:
a) U tavi na maslinovom ulju prodinstajte luk. Staviti na stranu.
b) U sjeckalici samljeti kukuruz.
c) Sjedinite i umiješajte ostale sastojke, uključujući i pirjani luk.
d) Stavite u posudu za pečenje 8x14 koju ste namazali maslacem.
e) Pecite na 375°F oko 25 minuta, ili dok vrh ne porumeni.

9. Sufle od mrkve za Dan zahvalnosti

Prinos: 8 porcija

Sastojci:
- 2 lbs. svježa mrkva, oguljena i kuhana
- 6 jaja
- 2/3 šalice šećera
- 6 žlica matzoh obroka
- 2 žličice vanilije
- 2 štapića maslaca ili margarina, otopljena
- Malo muškatnog oraščića
- 6 žlica smeđeg šećera
- 4 žlice maslaca ili margarina, otopljenog
- 1 šalica nasjeckanih oraha

Upute:
a) U sjeckalici pasirajte mrkvu i jaja.
b) Obradite sljedećih pet sastojaka dok ne postane glatko.
c) Pecite 40 minuta u podmazanoj tepsiji 9x13 na 350°F.
d) Dodajte preljev i pecite još 5-10 minuta.

10. Jabučni fantazijski desert

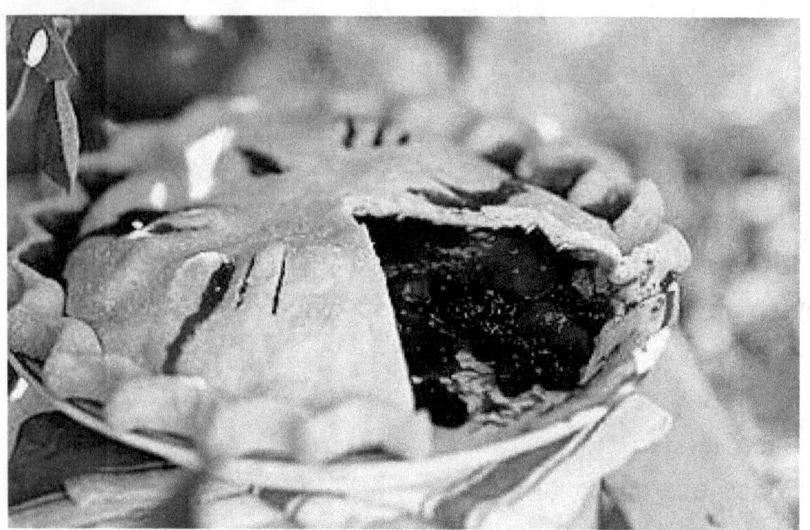

Sastojci:
- 2/3 c. brašno
- 3 žličice praška za pecivo
- 1/2 žličice soli
- 2 jaja
- 1 c. granulirani šećer
- 1/2 c. smeđi šećer
- 3 žličice vanilije ili ruma ili burbona
- 3 c. jabuke narezane na kockice

Upute:
a) Umutiti jaja, dodati šećer i vaniliju i dobro umutiti. Dodajte suhe sastojke i promiješajte. Ubacite jabuke i miješajte dok se ravnomjerno ne raspodijele. Stavite u duboku posudu za pečenje ili posudu za sufle.
b) Pecite 45 minuta na 350. Poslužite toplo.

11. Soufflé od tikve od žira

Prinos: 4 porcije

Sastojak
- 1 bjelanjak
- 2 tikve od žira
- 4 žličice smeđeg šećera
- ribanje svježeg muškatnog oraščića
- $\frac{1}{8}$ žličice soli
- 4 žlice maslaca
- $\frac{1}{4}$ žličice mljevenog cimeta
- 1 jaje, odvojeno
- svježe mljeveni crni papar

Upute:
a) Zagrijte pećnicu na 400 F. Operite tikvicu. Tikvu prerežite na pola i izvadite sjemenke. Stavite polovice tikve s kožom prema gore u vodu od $\frac{1}{2}$ inča ($1\frac{1}{4}$ cm) u posudu za pečenje i pecite 30 minuta.
b) Izvadite iz pećnice. Pomoću hvataljki preokrenite polovice tikve. U svaku polovicu stavite 1 žlicu maslaca. Ponovno pecite 30 minuta ili dok meso ne omekša. Ohladite 30 minuta.
c) Tikvu pažljivo izvadite iz posude za pečenje i ulijte maslac u zdjelu.
d) Pažljivo izdubite meso svake polovice tikve bez oštećenja kože i stavite je u istu zdjelu. U blenderu ili multipraktiku izradite pire od tikve sa ostavljenim maslacem, šećerom, začinima i žumanjkom. Ulijte u zdjelu za miješanje.
e) Istucite bjelanjke sa soli dok ne dobijete čvrsti snijeg. SAVITI u pire. Radite brzo, ali pažljivo, čuvajući volumen bjelanjka. Smjesu za soufflé ulijte u polovice kore tikve i pecite 25 min. ili dok vrhovi ne postanu smeđi i počnu pucati. Poslužite odmah.

12. Soufflé od marelica i pistacija

Prinos: 6 - 8
Sastojak
- 3 žlice maslaca
- 4 žlice brašna
- 1½ šalice mlijeka
- 6 žumanjaka
- 8 bjelanjaka
- prstohvat soli
- ⅛ žličice kreme od zubnog kamenca
- ½ džema od marelica i ananasa
- ½ džema od marelica i ananasa
- ¼ žličice ekstrakta badema
- 2 Ekstrakt badema
- šlag
- suhe marelice, natopljene
- oljušteni pistacije
- rakija od kajsije (po želji)
- šećer u prahu
- Mljeveni pistacije

Upute:
a) Zagrijte pećnicu na 400-F.
b) Otopite maslac i dodajte brašno. Dodavati mlijeko postupno miješajući žicom za kuhanje da se dobije gust glatki umak.
c) Dodajte šećer. Maknite s vatre i dodajte jedan po jedan žumanjak.
d) Dodajte ekstrakt badema, ocijeđene, nasjeckane marelice, pistacije i rakiju po želji. Bjelanjke, s prstohvatom soli i tartar kremom, istucite u čvrsti snijeg.
e) Umiješajte smjesu marelica i žlicom stavite u maslacem i šećerom posutu posudu za sufle od 6 šalica. Stavite soufflé u pećnicu i odmah smanjite temperaturu na 375-F. Pecite 25 minuta.

13. Soufflé od brokule

Prinos: 8 porcija

Sastojak
- 2 pakiranja smrznute brokule; (10 oz. svaki
- 3 jaja
- Posolite i popaprite po ukusu
- 1 žlica mješavine za juhu od luka
- ½ šalice majoneze
- Mast za tepsiju
- 2 žlice Matzah obroka, podijeljeno

Upute:
a) Skuhajte brokulu prema uputama na pakiranju. Temeljito ocijedite.
b) Staviti na stranu. U zdjeli za miješanje jako dobro umutite jaja sa soli, paprom i mješavinom juhe od luka; dodajte majonezu i nastavite tući dok se dobro ne sjedini. Umiješajte kuhanu brokulu.
c) Podmažite posudu za pečenje 7 x 11½". Lagano pospite 1 žlicom matzah brašna. Ulijte brokulu u tavu i posipajte vrh preostalim matzah brašnom.
d) Pecite na 350 40-50 minuta, ili dok vrh ne porumeni.

14. Soufflé od nevena

Prinos: 4 porcije

Sastojak
- 1 žlica maslaca
- 2 žlice parmezana
- 6 jaja
- ½ šalice pola-pola (to je pola mlijeka; pola vrhnja za neamerikance)
- ¼ šalice ribanog parmezana
- 1 žličica pripremljene gorušice
- ½ žličice soli
- ½ žličice Cayennea
- 1 žlica muškatnog oraščića
- ½ funte oštrog cheddara; izrezati na male komadiće
- 10 unci krem sira; izrezati na male komadiće
- ½ šalice latica nevena

Upute:
a) Namažite maslacem posudu za sufle od 5 šalica. Pospite s 2 žlice parmezana.
b) Umutite jaja, ¼ šalice parmezana, pola-pola, senf, sol, kajenski oraščić i muškatni oraščić u blenderu dok smjesa ne postane glatka. Dok motor još radi, dodajte komad po komad Cheddara, zatim krem sir. Ulijte u pripremljenu posudu i umiješajte latice nevena.
c) Pecite 45 do 50 minuta na 375F, ili dok vrh ne porumeni i malo napukne. Poslužite odmah, ukrasite s još cvjetova nevena.

15. Soufflé od čokoladnog oblaka

Prinos: 5 porcija

Sastojak
- ⅓ šalice svijetle kreme 3 žumanjka
- 1 svako pakiranje od 3 unce Dash soli
- Krem sir 3 bjelanjka
- ½ šalice poluslatkog
- Komadići čokolade
- 3 žlice Prosijano
- Šećer u prahu

Upute:
a) Miješajte vrhnje i krem sir na vrlo laganoj vatri. Dodati komadiće čokolade; zagrijte i miješajte dok se ne otopi. Cool. Istucite žumanjke i sol dok ne postanu gusti i dobiju boju limuna. Postupno umiješajte u čokoladnu smjesu. Istucite bjelanjke dok se ne stvore mekani snijeg.
b) Postupno dodajte šećer, tukući do čvrstih vrhova; umiješajte čokoladnu smjesu. Ulijte u nepodmazanu posudu za soufflé od 1 litre ili tepsiju. Pecite u laganoj pećnici (300ø) 45 minuta ili dok umetnuti nož ne izađe čist.

16. Soufflé od palog limuna

Prinos: 1 porcija

Sastojak
- 3 velika jaja; odvojeni
- 3 žlice šećera
- 1½ žlica glatkog brašna
- 2 žličice otopljenog maslaca
- 100 mililitara svježeg soka od limuna
- 1 žlica limunove korice
- 190 mililitara mlijeka
- 2 žličice otopljenog maslaca; ekstra
- 3 žlice šećera; ekstra
- Listovi svježe metvice
- Kupovni sorbet ili sladoled

Upute:
a) Zagrijte pećnicu na 180c. i maslacem šest posuda za sufle (kapaciteta oko 200 ml.) Pospite ih dodatnim šećerom i ostavite sa strane.
b) Žumanjke i šećer pjenasto izmiksajte dok ne postanu gusti i kremasti, zatim dodajte brašno i maslac i nastavite miksati dok se šećer potpuno ne otopi. Umiješajte limunov sok, limunovu koricu i mlijeko i miješajte dok smjesa ne postane glatka.
c) U posebnoj zdjeli umutite bjelanjke dok se ne zapjenaste pa nastavite s mućenjem uz dodavanje šećera. Miksajte velikom brzinom dok bjelanjci ne postanu čvrsti i sjajni.
d) Umiješajte bjelanjke u tijesto od limuna, a zatim ga ravnomjerno rasporedite po pripremljenim posudama za sufle.
e) Posude za sufle stavite u posudu za pečenje, a zatim napunite hladnom vodom dok razina vode ne dosegne polovicu stijenki posuda za sufle.

f) Pecite ih na 180c. 40 minuta.
g) Kad se souffléi ispeku, izvadite ih iz vodene kupelji i stavite u hladnjak na najmanje 30 minuta ili najviše 6 sati.
h) Za posluživanje ostavite ih da se vrate na sobnu temperaturu, a zatim prijeđite nožem oko ruba svake posude za sufle i preokrenite sufle na tanjur za posluživanje. Pospite šećerom u prahu i ukrasite listićima mente. Po želji poslužite s gustim vrhnjem ili sladoledom.

17. Smrznuti soufflé od brusnica s umočenim šećerom

Prinos: 2 porcije

Sastojak
- 2½ šalice brusnica, ubranih
- ⅔ šalice šećera
- ⅔ šalice vode

Za talijanski meringue:
- ¾ šalice šećera
- ⅓ šalice vode
- 4 velika bjelanjka
- 2½ šalice dobro ohlađenog gustog vrhnja za šećerni vijenac:
- ½ šalice svijetlog kukuruznog sirupa
- ¼ šalice šećera
- ½ šalice brusnica, ubranih
- Grančice mente za ukrašavanje

Upute:
a) Napravite smjesu od brusnica: U teškoj tavi pomiješajte brusnice, šećer i vodu i pustite da smjesa prokuha, miješajući dok se šećer ne otopi. Smjesu kuhajte uz povremeno miješanje 5 minuta ili dok se ne zgusne i ostavite da se potpuno ohladi.

b) Napravite talijanski meringue: U malom teškom loncu pomiješajte šećer i vodu i pustite da smjesa prokuha, miješajući dok se šećer ne otopi. Kuhajte sirup, ispirući sve kristale šećera koji su se zalijepili za stijenke posude četkom umočenom u hladnu vodu, dok ne zabilježi 248 stupnjeva F. na termometru za slatkiše i maknite posudu s vatre. Dok se sirup kuha, u većoj zdjeli električnog miksera istucite bjelanjke s prstohvatom soli dok ne zadrže mekane vrhove, pa dok motor radi, dodajte vrući sirup u mlazu, tukući i tukući meringue. srednjom brzinom 8 minuta, ili dok se ne ohladi na sobnu temperaturu.

c) Smjesu brusnica nježno, ali temeljito umiješajte u meringue. U drugoj zdjeli, s očišćenim mješalicama, tucite vrhnje dok ne zadrži čvrste vrhove i lagano, ali temeljito ga umiješajte u smjesu od brusnica. Žlicom stavite soufflé u 2½ qt. staklenu zdjelu za posluživanje otpornu na zamrzavanje (promjera 8 inča), poravnajte vrh i zamrznite soufflé, s površinom pokrivenom plastičnom folijom, preko noći. soufflé se može napraviti 3 dana unaprijed i držati pokriven i zaleđen.

d) Napravite vrti šećerni vijenac: U malom teškom loncu za umake pomiješajte kukuruzni sirup i šećer, pustite da smjesa zavrije na umjerenoj vatri, miješajući dok se šećer ne otopi, i kuhajte sirup dok ne postane zlatnog karamela i ne zabilježi 320 stupnjeva F ... na termometru za slatkiše.

e) Dok se sirup kuha, malo nauljite četverokutni list foula od 12 inča i na njega posložite brusnice u obliku vijenca širine 6 inča.

f) Maknite posudu s vatre i ostavite da se sirup hladi 30 sekundi.

g) Umočite vilicu u sirup i nakapajte sirup preko brusnica, ponavljajući ovaj postupak dok brusnice ne budu pokrivene i formira se vjenčić. (Ako sirup postane pregust da bi se cijedio s vilice, ponovno ga zagrijte na umjerenoj vatri dok ne dobijete odgovarajuću konzistenciju.) Neka se vijenac potpuno ohladi. Vijenac se može napraviti 2 sata unaprijed - po mogućnosti ne na vlažan dan - i čuvati na hladnom i suhom mjestu.

h) Lagano odvojite vijenac od folije, rasporedite ga po souffléu i ukrasite grančicama mente.

TORTA

18. Pumpkin Dump Cake

Prinos: 10 porcija

Sastojci:
- 1 -30 oz. pire od bundeve
- 2 jaja
- 1 limenka evaporiranog mlijeka
- 1/2 kutije žute smjese za kolače
- 1 šalica nasjeckanih oraha
- 1/2 šalice maslaca

Upute:
a) Zagrijte pećnicu na 350 stupnjeva Fahrenheita.
b) Mikserom dobro sjediniti pire od bundeve, jaja i mlijeko.
c) Ulijte sastojke u tepsiju 11x7 ili 8x8.
d) Na vrh lagano umiješajte 1/2 kutije suhe smjese za kolače.
e) Po vrhu pospite nasjeckanim orasima i 1/2 šalice otopljenog maslaca.
f) Pecite oko 40 minuta.
g) Ostavite da se ohladi do posluživanja.
h) Na vrh dodajte šlag.

19. Mješavina za tortu Schwarzwald torta

Proizvodi: 12

Sastojci

- 1 pakiranje čokoladne mješavine za kolače od 18,25 unce
- 1 nadjev za pitu od višanja od 21 unce
- 2 jaja
- 1/3 šalice maslinovog ulja
- 1 žličica ekstrakta badema
- 1 šalica granuliranog šećera
- 5 žlica maslaca
- 1/3 šalice mlijeka
- 1 šalica komadića čokolade

Upute

a) Zagrijte pećnicu na 350°F. Kalup za tortu namastiti i pobrašniti. Staviti na stranu.

b) U velikoj zdjeli pomiješajte smjesu za kolače, nadjev za pite, jaja, ulje i ekstrakt badema. Pomiješajte da dobijete glatku smjesu. Pecite 30 minuta.

c) U međuvremenu pomiješajte preostale sastojke u loncu, lagano ih zakuhajte. Miješajte dok ne postane glatko i upotrijebite za glazuru toplog kolača.

20. Mješavina za kolač Trešnje Cordial Cake

Proizvodi: 12

Sastojci
- 1 mješavina za čokoladne torte od 18,25 unce
- 1 pakiranje instant čokoladne mješavine za puding od 3,9 unce
- 4 jaja
- 1 ¼ šalice vode
- ½ šalice maslinovog ulja
- 1 žlica ekstrakta ili arome trešnje
- 1 šalica komadića čokolade
- 1 kaca pripremljene glazure od čokolade
- Srdačni bomboni od trešnje za ukrašavanje

Upute
a) Zagrijte pećnicu na 350°F. Kalup za tortu namastiti i pobrašniti. Staviti na stranu.
b) U velikoj zdjeli za miješanje pomiješajte smjesu za kolače, smjesu za puding, jaja, vodu, ulje i ekstrakt. Miješajte električnom miješalicom na niskoj brzini 2 minute.
c) Ulijte tijesto u kalup za tortu. Po mokrom tijestu za kolače ravnomjerno pospite komadiće čokolade. Pecite 55 minuta. Ostavite tortu da se potpuno ohladi prije glazure i ukrašavanja slatkišima.

21. Mješavina za kolač Torta od tikvica

Proizvodi: 12

Sastojci
- ¾ šalice maslaca
- 3 jaja
- 1 žličica ekstrakta vanilije
- ¼ žličice ekstrakta badema
- 1 šalica kiselog vrhnja
- 1 mješavina za čokoladni kolač od 18,25 unce s pudingom
- 1 srednja tikvica, naribana
- 1 pripremljena čokoladna glazura od 12 unci

Upute
a) Zagrijte pećnicu na 325°F.
b) U velikoj zdjeli za miješanje, kremasti maslac, jaja, ekstrakt vanilije i ekstrakt badema. Polako dodajte kiselo vrhnje. Dodajte smjesu za kolače. Ubacite naribane tikvice.
c) Žlicom stavljajte tijesto u kalup za torte i protresite dok se tijesto ne poravna. Pecite 45 minuta ili dok čačkalica ne izađe čista.
d) Potpuno ohladite kolač prije nego što ga preokrenete na pladanj za posluživanje.

22. Čokoladni poke kolač

Napravi: 20 porcija

Sastojci
- 1 paket smjese za čokoladnu tortu
- 2 žličice ekstrakta vanilije, podijeljene
- Dash soli
- 2/3 šalice maslaca
- 28 unci zaslađenog kondenziranog mlijeka
- 1 šalica slastičarskog šećera
- Preljev: sendvič kolačići punjeni nasjeckanim maslacem od kikirikija, šalice s maslacem od kikirikija ili kombinacija ta dva

Upute
a) Zagrijte pećnicu na 350°. Pripremite smjesu za kolač prema uputama na pakiranju, dodajući 1 žličicu vanilije i soli prije miješanja tijesta. Prebacite u podmazanu posudu 13x9 in. tava za pečenje. Pecite i potpuno ohladite kako je navedeno na pakiranju.
b) Umutite maslac i mlijeko dok se ne sjedine. Koristeći vrh drške drvene žlice, izbušite rupe u kolaču udaljene 2 inča.
c) Polako ulijte 2 šalice smjese maslaca preko kolača, ispunjavajući svaku rupu.
d) Ohladite tortu i preostalu smjesu maslaca, pokrivenu, dok se torta ne ohladi, 2-3 sata.
e) Pomiješajte preostalu smjesu vanilije i preostalog maslaca od kikirikija; postupno umiješajte dovoljno slastičarskog šećera da postignete konzistenciju za mazanje.
f) Premazati preko kolača. Dodajte preljeve po želji.

23. Toffee Poke torta

Priprema: 15 porcija

Sastojci
- 1 paket smjese za čokoladnu tortu
- 17 unci butterscotch-karamel preljev za sladoled
- 12 unci smrznutog tučenog preljeva, odmrznutog
- 1 šalica maslaca
- 3 Heath bombona, nasjeckana

Upute
a) Pripremite i ispecite kolač prema uputama na pakiranju, koristeći maslac.
b) Ohladite na rešetki.
c) Drškom drvene žlice izbušite rupice u kolaču. U rupe ulijte 3/4 šalice karamel preljeva. Žlicom prelijte preostali karamel preko kolača. Prelijte umućenim preljevom. Pospite slatkišima.
d) Stavite u hladnjak na najmanje 2 sata prije posluživanja.

24. Puding kolač od pudinga

Priprema: 12 porcija

Sastojci
- 1 paket smjese za čokoladnu tortu
- 1 paket (3,9 unci) smjese za instant čokoladni puding
- 2 šalice kiselog vrhnja
- 4 velika jaja
- 1 šalica vode
- 3/4 šalice maslinovog ulja
- 1 šalica poluslatkih komadića čokolade
- Šlag ili sladoled

Upute
a) U velikoj zdjeli pomiješajte prvih šest sastojaka; tucite na maloj brzini 30 sekundi. Tucite na srednjoj razini 2 minute. Umiješajte komadiće čokolade. Ulijte u podmazanu 5-qt. sporo kuhalo.

b) Poklopite i kuhajte na laganoj vatri dok čačkalica zabodena u sredinu ne izađe van s vlažnim mrvicama, 6-8 sati.

25. Čokoladna torta od badema

Priprema: 16 porcija

Sastojci
- 1 paket mješavine za čokoladnu tortu (uobičajene veličine)
- 1 paket (3,9 unci) instant čokoladne mješavine pudinga
- 1-1/4 šalice vode
- 1/2 šalice maslinovog ulja
- 4 velika jaja
- 3 žličice ekstrakta badema
- 2-3/4 šalice poluslatkih komadića čokolade, podijeljeno
- 6 žlica rashlađenog običnog ili nemliječnog vrhnja s okusom amaretta
- 1 žlica narezanih badema

Upute
a) U velikoj zdjeli pomiješajte smjesu za kolače, smjesu za puding, vodu, ulje, jaja i ekstrakt; tucite dok se ne sjedini. Umiješajte 2 šalice komadića čokolade.
b) Izlijte u namašćenu i pobrašnjenu 10-in. fluted tube tava. Pecite na 350° 65-70 minuta ili dok čačkalica zabodena u sredinu ne izađe čista. Ohladite 10 minuta prije nego što je izvadite iz posude na rešetku da se potpuno ohladi.
c) U tavi pomiješajte vrhnje i preostale komadiće čokolade. Kuhajte na laganoj vatri dok se čips ne otopi; miješajte dok ne postane glatko. Ohladite 45 minuta. Prelijte preko kolača. Ukrasite bademima.

26. Kolač s kavom od ananasa

Priprema: 12 porcija

Sastojak
- 2 šalice mješavine za čokoladnu tortu
- 1 jaje
- ⅓ šalice granuliranog šećera
- ⅓ šalice mlijeka

Preljevi
- ⅓ šalice Pecite sve pomiješajte
- ⅓ šalice smeđeg šećera -- pakirano
- ½ žličice mljevenog cimeta
- 1 šalica komadića ananasa --Ocijeđeni

Upute
a) Jaje razbijte u zdjelu i lagano umutite. Dodajte šećer i mlijeko i dobro promiješajte. Postupno dodajte 2 šalice Miksa. Tucite dok se ne sjedini.
b) Napunite kalupe za pečenje do pola
c) Napravite preljev kombinirajući ⅓ šalice mješavine, smeđi šećer i cimet. Rasporedite komadiće ananasa preko tijesta. Pospite preljev preko ananasa.
d) Pecite u pećnici zagrijanoj na 400 F. 15 do 20 minuta.

27. Glazirana torta od cikle

Proizvodi: 8

Sastojci
- 1 pakiranje čokoladne mješavine za kolače od 18 unci plus sastojci koji su navedeni na kutiji
- 3 šalice cikle, nasjeckane
- 4 žlice maslaca, otopljenog
- ½ šalice slastičarskog šećera

Upute
a) Pripremite i ispecite kolač prema uputama za smjesu za kolače, ubacujući ciklu dok dodajete mokre sastojke.
b) Ostavite kolač da se malo ohladi.
c) Vilicom pjenasto izmiješajte maslac i slastičarski šećer.
d) Kolač preliti glazurom.

28. Moist Stoner's Cake

Proizvodi: 8

Sastojci
- 1 mješavina za čokoladne torte od 18,25 unce
- 1 šalica kiselog vrhnja
- 1 šalica kokosovog ulja
- 4 jaja
- ½ šalice vode
- 1 pripremljena glazura od 16 unci

Upute
a) Zagrijte pećnicu na 350°F. Kalup za tortu namastiti i pobrašniti. Staviti na stranu.
b) U velikoj zdjeli za miješanje pomiješajte smjesu za kolače, kiselo vrhnje, kokosovo ulje, jaja i vodu. Izliti u kalup za tortu. Pecite 50 minuta.
c) Izvadite iz pećnice i ostavite da se potpuno ohladi. Mraz

29. Čokoladni slojeviti kolač

Proizvodi: 12

Sastojci
- 1 mješavina za čokoladne kolače u kutiji od 18,25 unce plus sastojci navedeni na kutiji
- 1 preljev za sladoled od karamele u staklenci od 6 unci
- 7 unci maslinovog ulja
- 1 tučeni preljev od 8 unci bez mliječnih proizvoda, odmrznut
- 8 bombona, nasjeckanih ili izlomljenih na komadiće

Upute
a) Pripremite i ispecite kolač prema uputama za tortu veličine 9" × 13".
b) Izvadite kolač iz pećnice i ostavite da se hladi 10 minuta prije nego što probušite rupe na vrhu kolača vilicom s dugim zupcima ili ražnjićem.
c) Prelijte kolač karamelom, a zatim kondenziranim mlijekom, popunjavajući sve rupe. Kolač ostaviti da odstoji dok se potpuno ne ohladi.
d) Premažite umućenim preljevom i pospite komadićima bombona. Ohladiti

30. Tres leches kolač

Proizvodi: 16 mini torti

Sastojci:
- 1 šalica višenamjenskog brašna
- 1½ žličice. prašak za pecivo
- Prstohvat soli
- 5 velikih jaja, odvojenih
- 4 žlice maslaca, otopljenog i ohlađenog
- 1 šalica plus 3 žlice granuliranog šećera
- 4 žličice. ekstrakt vanilije
- ¼ šalice punomasnog mlijeka
- 350 ml limenke evaporiranog mlijeka
- 400 ml limenke kondenziranog mlijeka
- 2½ šalice gustog vrhnja
- 1 žlica neslanog maslaca, otopljenog i ohlađenog

Upute
a) Zagrijte pećnicu na 340°F (171°C). Premažite maslacem i pobrašnite jedan kalup za muffine od 24 šalice ili dva kalupa za muffine od 12 šalica, napunite prazne šupljine vodom i ostavite sa strane.
b) U srednjoj zdjeli pomiješajte višenamjensko brašno, prašak za pecivo i sol. Staviti na stranu.
c) Podijelite bjelanjke i žumanjke u različite srednje zdjelice. U jednoj zdjeli umutite žumanjke, 2 žlice maslaca i
d) ¾ šalice šećera električnom miješalicom na srednjoj brzini do blijedožute boje. Dodajte 2 žličice ekstrakta vanilije i punomasno mlijeko i tucite malom brzinom dok se smjesa ne sjedini.
e) U drugoj zdjeli tucite bjelanjke na srednjoj do visokoj brzini 2 minute dok ne dobijete mekane vrhove.
f) Dodajte ¼ šalice šećera i nastavite miksati srednje velikom brzinom dok bjelanjci ne postanu čvrsti.

g) Pomiješajte smjesu žumanjaka i brašna. Lagano umiješajte smjesu od bjelanjaka, a zatim žlicom stavite tijesto u kalup ili kalupe za muffine.
h) Pecite 20 minuta ili dok se sredina ne stegne. Izvadite, izbušite vilicom na vrhu i ostavite da se ohladi.
i) U srednjoj zdjeli pomiješajte evaporirano mlijeko, kondenzirano mlijeko, ½ šalice gustog vrhnja, preostale 2 žlice maslaca i neslani maslac i prelijte preko kolača.
j) Tucite preostale 2 šalice gustog vrhnja, preostale 3 žlice šećera i preostale 2 žličice ekstrakta vanilije električnom miješalicom na srednjoj brzini dok smjesa ne postane pjenasta. Premažite preko ohlađenih kolača.
k) Čuvanje: Čuvati u hermetički zatvorenoj posudi u hladnjaku do 3 dana.

31. Torta s kremom od vanilije i jagode

Poslužuje 6

Sastojci:
- 1 šalica (100 g) obroka od badema
- ½ šalice (75 g) Natvia
- 1 čajna žličica. (5g) praška za pecivo
- 2 žlice (40 g) kokosovog ulja
- 2 velika jaja (51g svako)
- 1 čajna žličica. (5g) ekstrakt vanilije
- 300 ml hladnog vrhnja
- 200 g svježih zrelih jagoda

Upute:
a) Zagrijte fritezu na 180°C, 3 minute.
b) U velikoj zdjeli pomiješajte brašno od badema, Natviu i prašak za pecivo s prstohvatom morske soli.
c) Dodajte kokosovo ulje, jaja i vaniliju i promiješajte da se sjedini.
d) Lagano premažite kalup za tortu od 16 cm s dodatnim kokosovim uljem.
e) Spatulom stružite smjesu u kalup za torte.
f) Stavite u košaricu friteze i prekrijte folijom.
g) Pecite na 160°C, 20 minuta.
h) Uklonite foliju i kuhajte još 10 minuta ili dok se umetnuti ražanj ne izvadi.
i) Kada se ohladi, miješajte hladno vrhnje električnom mutilicom 5 minuta ili dok se ne stvore čvrsti vrhovi.
j) Premažite po torti i na vrh posložite narezane jagode.
k) Počevši od vanjske strane, koristite veće kriške (šiljata strana prema van) postupno ulazeći unutra.
l) Preklapajte svaki sloj kako biste stvorili visinu.

32. Španjolski kolač od sira

Porcije: 10 porcija

Sastojak
- 1 funta krem sira
- 1½ šalice šećera; Granulirano
- 2 jaja
- ½ žličice cimeta; Tlo
- 1 žličica limunove korice; Naribano
- ¼ šalice nebijeljenog brašna
- ½ žličice soli
- 1 x slastičarski šećer
- 3 žlice maslaca

Upute:
a) Zagrijte pećnicu na 400 stupnjeva Fahrenheita. Pomiješajte sir, 1 žlicu maslaca i šećer u velikoj posudi za miješanje. Ne mlatiti.
b) Dodajte jedno po jedno jaje, dobro tučeći nakon svakog dodavanja.
c) Pomiješajte cimet, limunovu koricu, brašno i sol. Tepsiju premažite s preostale 2 žlice maslaca, ravnomjerno rasporedite prstima.
d) Ulijte tijesto u pripremljenu posudu i pecite na 400 stupnjeva 12 minuta, zatim smanjite na 350 stupnjeva i pecite još 25 do 30 minuta. Nož bi trebao biti bez ikakvih ostataka.
e) Kada se kolač ohladi na sobnu temperaturu, pospite ga slastičarskim šećerom.

BROWNIES

33. Mješavina za kolače od konoplje Brownies

Proizvodi: 12

Sastojci
- 1 paket mješavine za čokoladnu tortu (uobičajene veličine)
- 3/4 šalice maslaca, otopljenog
- 1 limenka (5 unci) evaporiranog mlijeka, podijeljena
- 1 paket (11 unci) komadića kraft karamele
- 1 šalica poluslatkih komadića čokolade
- 1 paket žute smjese za kolače (uobičajene veličine)
- 1 veće jaje, sobne temperature
- 1/2 šalice plus 1 žlica maslaca, omekšalog, podijeljenog
- 1 limenka (14 unci) zaslađenog kondenziranog mlijeka
- 1 paket (11-1/2 unce) komadića mliječne čokolade

Upute

a) Zagrijte pećnicu na 350°. Linija 13x9 inča. tava za pečenje s pergamentom; masni papir.

b) U velikoj zdjeli pomiješajte smjesu za čokoladni kolač, otopljeni maslac i 1/3 šalice evaporiranog mlijeka dok se ne sjedine; tijesto će biti gusto. Ostavite 1/4 šalice tijesta za preljev. Preostalo tijesto rasporedite u pripremljenu posudu. Pecite 6 minuta.

c) U međuvremenu, u mikrovalnoj pećnici otopite komadiće karamele i preostalu 1/3 šalice evaporiranog mlijeka; miješajte dok ne postane glatko. Vruću čokoladnu koru pospite poluslatkim čipsom; prelijte karamel smjesu preko vrha. Staviti na stranu.

d) U drugoj velikoj zdjeli tucite žutu smjesu za kolače, jaje i 1/2 šalice omekšalog maslaca dok se ne sjedine; tijesto će biti gusto. Polovicu ostaviti za preljev. Izmrvite preostalu smjesu preko sloja karamele. Pecite 6 minuta.

e) U mikrovalnoj pećnici otopite zaslađeno kondenzirano mlijeko, komadiće mliječne čokolade i preostalu 1 žlicu omekšalog maslaca; miješajte dok ne postane glatko.

f) Prelijte preko žutog sloja torte. Pospite odvojenim žutim i čokoladnim tijestom za kolače. Pecite dok vrh ne porumeni, 20-25 minuta.

g) Potpuno ohladite na rešetki. Čuvati u hermetički zatvorenoj posudi.

34. Triple Fudge kolačići

Proizvodi: 12

Sastojci
- 1 paket (3,9 unci) smjese za instant čokoladni puding
- 1 paket mješavine za čokoladnu tortu (uobičajene veličine)
- 2 šalice poluslatkih komadića čokolade
- šećer
- Sladoled od vanilije

Upute
a) Puding pripremiti prema uputama na pakiranju. Umutiti suhu smjesu za kolače. Umiješajte komadiće čokolade.
b) Izlijte u podmazan kalup 15x10x1 in. tava za pečenje. Pecite na 350° dok vrh ne poskoči pri laganom dodiru, 30-35 minuta.
c) Pospite šećerom

35. Brownies s krem sirom

Proizvodi: 12

Sastojci
- 1 mješavina za čokoladne torte od 18,25 unce
- ½ šalice maslaca, otopljenog
- 2 jaja, podijeljena
- ½ kutije slastičarskog šećera
- 1 pakiranje krem sira od 8 unci, omekšali

Upute
a) Zagrijte pećnicu na 325°F. Kalup za tortu namastiti i pobrašniti. Staviti na stranu.
b) Pomiješajte smjesu za kolače, maslac i 1 jaje. Dobro promiješajte. Utisnite smjesu u tepsiju. Pomiješajte preostala jaja s posljednja dva sastojka i rasporedite po vrhu smjese za kolač.
c) Pecite 28 minuta. Pustite da se potpuno ohladi u tavi prije rezanja kolačića na kvadrate.

36. Brownies s kikirikijem

Proizvodi: 36

Sastojci
- 1 pakiranje mješavine za kolače od tamne čokolade od 18,25 unce
- ½ šalice komadića tamne čokolade, mljevene
- ½ šalice maslaca
- 2 jaja
- ¼ šalice vode
- 1 posuda od 16 unci spremna za nanošenje glazure od vanilije
- 1/3 šalice maslaca od kikirikija
- 2 šalice šećera u prahu
- ¼ šalice kakaa
- 3 žlice vode
- ¼ šalice maslaca od kikirikija
- ¼ šalice maslaca
- 1 žličica vanilije

Upute

a) Zagrijte pećnicu na 350°F. Pošpricajte tavu veličine 13" × 9" neljepljivim sprejom za pečenje koji sadrži brašno i ostavite je sa strane.
b) U velikoj zdjeli pomiješajte smjesu za kolače, mljevenu čokoladu, ½ šalice maslaca od kikirikija, jaja i vodu i miješajte dok se ne sjedini. Tucite 40 udaraca, zatim rasporedite u pripremljenu posudu.
c) Pecite 26–31 minutu ili dok se kolačići ne stvrdnu. Potpuno ohladite na rešetki.
d) U istoj zdjeli pomiješajte šećer u prahu i kakao i dobro promiješajte. U maloj zdjeli prikladnoj za mikrovalnu pećnicu pomiješajte vodu, maslac od kikirikija i pecite u mikrovalnoj pećnici na visokoj razini dok se maslac ne otopi, oko 1 minutu.
e) Ulijte u smjesu šećera u prahu, dodajte vaniliju i tucite dok ne postane glatko.
f) Odmah prelijte nadjev od maslaca od kikirikija i nježno rasporedite da pokrije. Pustite da odstoji dok se glazura ne stegne, a zatim narežite na ploške.

37. Brownie zalogaji

Proizvodi: 24

Sastojci
- 1 mješavina veganske čokoladne torte u kutiji od 18,25 unci
- 1 konzerva pirea od bundeve od 29 unci
- 2 šalice komadića veganske čokolade
- 1 šalica nasjeckanih oraha

Upute
a) Zagrijte pećnicu na 350°F.
b) Koristite električnu miješalicu za miješanje smjese za kolače i bundeve dok se potpuno ne sjedine. Ubacite komadiće čokolade i orahe.
c) Kapajte po žlicu na neprianjajući lim za pečenje. Pecite 10 minuta. Ohladite na rešetki.

38. Choc chip Bud Brownies

Proizvodi: 12

Sastojci
- 1 pakiranje instant pudinga od vanilije od 3,9 unce plus sastojci koji su navedeni na kutiji
- 2 šalice punomasnog mlijeka
- 1 mješavina za čokoladni kolač od 18,25 unce bez pudinga
- 2 šalice poluslatkih komadića čokolade

Upute
a) Zagrijte pećnicu na 350°F.
b) Umutiti puding i mlijeko da se sjedine.
c) Polako dodajte smjesu za kolače u smjesu za puding. Ubacite komadiće čokolade.
d) Okrenite tijesto u posudu za pečenje i pecite 15 do 20 minuta.
e) Ostavite da se malo ohladi prije rezanja na ploške.

39. Brownies s lješnjacima

Priprema: 24 kolačića

Sastojci:
- 1 šalica mješavine za čokoladnu tortu
- 2 ŽLICE neslanog maslaca
- 8 ŽLICA maslaca
- 1½ šalice tamno smeđeg šećera, čvrsto pakirano
- ½ šalice komadića mliječne čokolade
- ½ šalice poluslatkih komadića čokolade
- ½ šalice prženih nasjeckanih lješnjaka

Upute
a) Zagrijte pećnicu na 340°F (171°C). Lagano premažite posudu za pečenje veličine 9 × 13 inča (23 × 33 cm) neljepljivim sprejom za kuhanje i ostavite sa strane.
b) U parnom kotlu na laganoj vatri otopite neslani maslac i puter. Kad se otopi, maknite s vatre i umiješajte tamno smeđi šećer. Ulijte smjesu maslaca i šećera u smjesu za kolače i promiješajte da se sjedini.
c) Dodajte komadiće mliječne čokolade, komadiće poluslatke čokolade i lješnjake i tucite nekoliko sekundi da se brzo rasporede.
d) Prebacite smjesu u pripremljenu posudu i pecite 23 do 25 minuta ili dok vrh ne izgleda tamno i suho. Potpuno ohladite u tavi prije rezanja na 24 dijela i premještanja na tanjur.

40. Brownies s niskim udjelom ugljikohidrata

Proizvodi: 12

Sastojci
- 3 jaja, istučena
- 12 T utopljenog maslaca
- 3oz. tamna čokoladamješavina za kolače
- 3/4 C eritritol

Upute:
a) Zagrijte pećnicu na 350°F.
b) Pomiješajte suhe sastojke i ostavite sa strane.
c) Topitiuliomaslac i čokoladu zajedno 30 sekundi, dodajte u razmućeno jaje i dobro promiješajte. Uključite suhe sastojke.
d) Ulijte tijesto u pleh veličine 8x8 obložen pergamentom. Pecite 20 minuta.

41. Grasshopper Brownies

Proizvodi: 12

Sastojci
- 1 mješavina čokoladnih biskota od 10 unci
- 2 velika jaja
- 5 žlica maslaca, otopljenog
- Organski komadići čokolade
- 3 žlice arome paprene metvice

Upute
a) Zagrijte pećnicu na 350°F. Namastite i pobrašnite kalup za torte veličine 8" × 8". Staviti na stranu.
b) U velikoj zdjeli za miješanje pomiješajte smjesu za biskote, jaja, maslac, komadiće čokolade i aromu peperminta.
c) Koristite električnu miješalicu na srednjoj brzini za sjedinjavanje sastojaka. Ulijte tijesto u pleh. Pecite 25 minuta.

42. Brownies od mente

Proizvodi: 18

Sastojci
Brownies
- 1 šalica (230 g) neslanog maslaca
- 2 unce poluslatke čokolade, grubo nasjeckane
- 1 šalica mješavine za čokoladnu tortu

Sloj glazure mente
- 1/2 šalice (115 g) neslanog maslaca, omekšalog na sobnoj temperaturi
- 2 šalice (240 g) slastičarskog šećera
- 2 žlice (30 ml) mlijeka
- 1 i 1/4 žličice ekstrakta paprene metvice
- 1 kap tekuće ili gel zelene prehrambene boje

Čokoladni sloj
- 1/2 šalice (115 g) neslanog maslaca
- 1 puna šalica (oko 200 g) poluslatkih komadića čokolade

Upute
Za browniese:
a) Otopite maslac i nasjeckanu čokoladu u srednje jakoj posudi na srednjoj vatri, neprestano miješajući, oko 5 minuta.
b) Umiješajte smjesu za kolače

Za sloj glazure od mente:
c) Tucite maslac srednjom brzinom dok ne postane glatko i kremasto, oko 2 minute. Dodajte slastičarski šećer i mlijeko. Dodajte ekstrakt paprene metvice i prehrambenu boju i tucite na visokoj razini 1 punu minutu.
d) Mrazom ohlađene browniese koje ste stavili na lim za pečenje prelijte i stavite lim za pečenje u hladnjak.

Za čokoladni sloj:
e) Otopite maslac i komadiće čokolade u srednjoj posudi na srednjoj vatri, neprestano miješajući, oko 5 minuta.
f) Nakon što se otopi i postane glatka, prelijte sloj mente.
g) Nježno rasporedite nožem ili ofsetnom lopaticom. Ohladite se.
h) Kad se ohladi, izvadite je iz hladnjaka i narežite na kvadrate.

43. Brownies od čokolade i lješnjaka

Sastojci:
- 1 šalica nezaslađenog kakaa u prahu
- 1 šalica višenamjenskog brašna
- 1 čajna žličica. soda bikarbona
- ¼ žličice. sol
- 2 ŽLICE neslanog maslaca
- 8 ŽLICA maslaca
- 1½ šalice tamno smeđeg šećera, čvrsto pakirano
- 4 velika jaja
- 2 žličice. ekstrakt vanilije
- ½ šalice komadića mliječne čokolade
- ½ šalice poluslatkih komadića čokolade
- ½ šalice prženih nasjeckanih lješnjaka

Upute
a) Zagrijte pećnicu na 340°F (171°C). Lagano premažite posudu za pečenje veličine 9 × 13 inča (23 × 33 cm) neljepljivim sprejom za kuhanje i ostavite sa strane. U srednjoj zdjeli pomiješajte nezaslađeni kakao u prahu, višenamjensko brašno, sodu bikarbonu i sol. Staviti na stranu.
b) U parnom kotlu na laganoj vatri otopite neslani maslac i puter. Kad se otopi, maknite s vatre i umiješajte tamno smeđi šećer. Ulijte smjesu maslaca i šećera u smjesu od brašna i promiješajte da se sjedini.
c) U velikoj zdjeli tucite jaja i ekstrakt vanilije električnom miješalicom na srednjoj brzini 1 minutu. Polako dodajte mješavinu maslaca i brašna i miješajte još 1 minutu dok se smjesa ne sjedini. Dodajte komadiće mliječne čokolade, komadiće poluslatke čokolade i lješnjake i tucite nekoliko sekundi da se brzo rasporede.
d) Prebacite smjesu u pripremljenu posudu i pecite 23 do 25 minuta ili dok vrh ne izgleda tamno i suho. Potpuno ohladite u tavi prije rezanja na 24 dijela i premještanja na tanjur.
e) Čuvanje: Čvrsto zamotano u plastičnu foliju čuvati u hladnjaku 4 do 5 dana ili u zamrzivaču 4 do 5 mjeseci.

44.   Kikirikii Jelly Fudge

Sastojci:
- Javorov sirup, ¾ šalice
- Ekstrakt vanilije, 1 žličica
- Kikiriki, 1/3 šalice, nasjeckani
- Maslac od kikirikija, ¾ šalice
- Suhe trešnje, 1/3 šalice, narezane na kockice
- Čokoladni proteinski prah, ½ šalice

Upute
a) Nasjeckajte kikiriki i višnje i ostavite sa strane.
b) Zagrijte javorov sirup na niskoj razini pa prelijte preko maslaca od kikirikija u zdjeli. Miksajte dok ne postane glatko.
c) Dodajte vaniliju i proteinski prah i dobro promiješajte da se sjedini.
d) Sada dodajte kikiriki i višnje i savijte nježno ali brzo.
e) Prebacite tijesto u pripremljenu posudu i zamrznite dok se ne stegne.
f) Narežite na ploške nakon što se stegne i uživajte.

45. Slatki badem bez pečenja

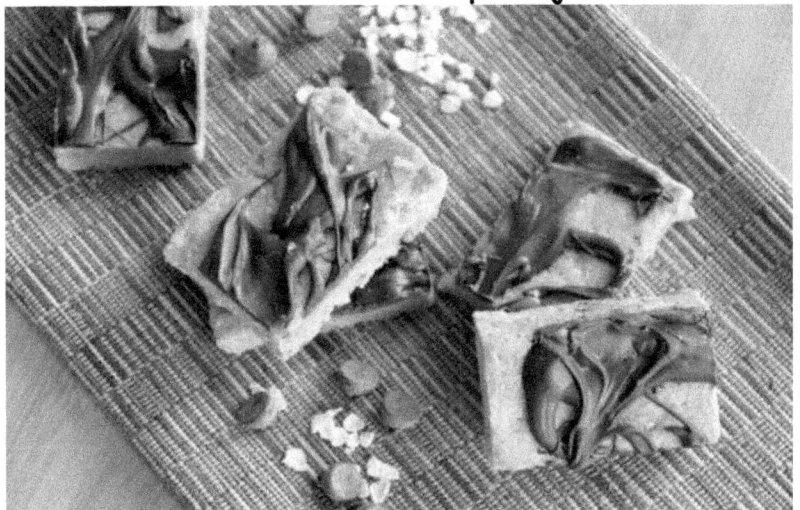

Sastojci:
- Zob, 1 šalica, samljevena u brašno
- Med, ½ šalice
- Brze zobene pahuljice, ½ šalice
- Maslac od badema, ½ šalice
- Ekstrakt vanilije, 1 žličica
- Proteinski prah vanilije, ½ šalice
- Čokoladni čips, 3 žlice hrskavih rižinih pahuljica, ½ šalice

Upute
a) Posudu za kruh poprskajte sprejom za kuhanje i ostavite sa strane. Pomiješajte rižine pahuljice sa zobenim brašnom i brzim zobenim pahuljicama. Držite po strani.
b) Otopite bademov maslac s medom u tavi pa dodajte vaniliju.
c) Ovu smjesu prebacite u zdjelu sa suhim sastojcima i dobro promiješajte.
d) Prebacite u pripremljenu posudu i poravnajte pomoću lopatice.
e) Stavite u hladnjak na 30 minuta ili dok se ne stegne.
f) U međuvremenu otopiti čokoladu.
g) Izvadite smjesu iz tave i na vrh pokapajte otopljenu čokoladu. Ponovno ohladite dok se čokolada ne stegne, a zatim narežite na ploške željene veličine.

46. Proteinske pločice Red Velvet Fudge

Sastojci:
- Pire od pečene cikle, 185 g
- Pasta od mahune vanilije, 1 žličica
- Nezaslađeno sojino mlijeko, ½ šalice
- Maslac od oraha, 128 g
- Ružičasta himalajska sol, 1/8 žličice
- Ekstrakt (maslac), 2 žličice
- Sirova stevija, ¾ šalice
- Zobeno brašno, 80 g
- Proteinski prah, 210 g

Upute
a) U loncu otopite maslac i dodajte zobeno brašno, proteinski prah, pire od cikle, vaniliju, ekstrakt, sol i steviju. Miješajte dok se ne sjedini.
b) Sada dodajte sojino mlijeko i miješajte dok se dobro ne sjedini.
c) Prebacite smjesu u tepsiju i stavite u hladnjak na 25 minuta.
d) Kad se smjesa stegne, narežite na 6 štanglica i uživajte.

47.   Fudge Munchies

Porcije: 6-8

Sastojci:
- 1/2 šalice maslaca
- 1/2 šalice maslaca od badema
- 1/8 do 1/4 šalice meda
- 1/2 banane, pasirane
- 1 čajna žličica. Ekstrakt vanilije
- bilo koji maslac od oraha
- 1/8 šalice sušenog voća
- 1/8 šalice čokoladnih komadića

Upute:
a) U blender ili procesor hrane dodajte sve sastojke. Miješajte nekoliko minuta dok smjesa ne postane glatka. 2. Ulijte tijesto u kalup za kruh obložen papirom za pečenje.
b) Stavite u hladnjak ili zamrznite dok se ne stegne. Izrežite na 8 jednakih kvadrata.

48. Mocha kolačići s glazurom

Sastojci
- 1 c. šećer
- 1/2 c. maslac, omekšao
- 1/3 c. kakao za pečenje
- 1 t. granule instant kave
- 2 jaja, istučena
- 1 t. ekstrakt vanilije
- 2/3 c. višenamjensko brašno
- 1/2 t. prašak za pecivo
- 1/4 t. sol
- 1/2 c. nasjeckani orasi

Upute
a) Pomiješajte šećer, maslac, kakao i granule kave u loncu. Kuhajte i miješajte na srednjoj vatri dok se maslac ne otopi. Maknite s vatre; ohladite 5 minuta. Dodajte jaja i vaniliju; miješajte dok se ne sjedini.
b) Pomiješajte brašno, prašak za pecivo i sol; savijte orahe. Rasporedite tijesto u podmazanu tepsiju 9"x9". Pecite na 350 stupnjeva 25 minuta, ili dok se ne stegne.
c) Ohladite u tavi na rešetki. Mocha glazuru namažite preko ohlađenih kolačića; narežite na štanglice. Čini jedan tucet.

49. Plavuše s chia sjemenkama od pekan maslaca

Sastojci
- 2 1/4 šalice pekana, pečenih
- 1/2 šalice Chia sjemenki
- 1/4 šalice maslaca, otopljenog
- 1/4 šalice eritritola, u prahu
- 1 žlica SF Torani slanog

Karamela
- 2 kapi tekuće stevije
- 2 velika jajeta
- 1 čajna žličica. Prašak za pecivo
- 3 žlice gustog vrhnja
- 1 prstohvat soli

Upute
a) Zagrijte pećnicu na 350F. Odmjerite 2 1/4 šalice pekan oraha
b) Sameljite 1/2 šalice cijelih chia sjemenki u mlincu za začine dok ne dobijete obrok.
c) Izvadite chia obrok i stavite u zdjelu. Zatim sameljite 1/4 šalice eritritola u mlincu za začine dok ne postane prah. Stavite u istu posudu kao i chia obrok.
d) Stavite 2/3 pečenih pekan oraha u procesor hrane.
e) Obradite orašaste plodove, stružući strane prema dolje prema potrebi dok ne dobijete glatki maslac od orašastih plodova.
f) Dodajte 3 velika jaja, 10 kapi tekuće stevije, 3 žlice SF slanog karamel torani sirupa i prstohvat soli u chia smjesu. Ovo dobro izmiješajte.
g) Dodajte maslac od oraha oraha u tijesto i ponovno promiješajte.
h) Koristeći valjak, izmrvite ostatak pečenih pekan oraha na komade unutar plastične vrećice.

i) Dodajte zdrobljene pekan orahe i 1/4 šalice otopljenog maslaca u tijesto.
j) Dobro izmiješajte tijesto, a zatim dodajte 3 žlice gustog vrhnja i 1 žličicu. Prašak za pecivo. Sve zajedno dobro promiješajte.
k) Izmjerite tijesto u pleh 9×9 i poravnajte.
l) Pecite 20 minuta ili do željene gustoće.
m) Pustite da se ohladi oko 10 minuta. Odrežite rubove kolačića da dobijete jednoličan kvadrat. Ovo je ono što ja zovem "pekarska poslastica" - da, pogodili ste!
n) Grickajte one zločeste dečke dok ih pripremate za posluživanje svima ostalima. Takozvani "najbolji dio" brownieja su rubovi i zato zaslužujete imati sve.
o) Poslužite i jedite do mile volje (ili bolje rečeno makroa)!

50. Brownies od jabuka

Sastojci
- 1/2 c. maslac, omekšao
- 1 c. šećer
- 1 t. ekstrakt vanilije
- 1 jaje, tučeno
- 1-1/2 c. višenamjensko brašno
- 1/2 t. soda bikarbona

Upute
a) Zagrijte pećnicu na 350 stupnjeva F (175 stupnjeva C). Namastite posudu za pečenje 9x9 inča.
b) U velikoj zdjeli izmiksajte otopljeni maslac, šećer i jaje dok ne postane pjenasto. Ubacite jabuke i orahe. U zasebnoj zdjeli prosijte zajedno brašno, sol, prašak za pecivo, sodu bikarbonu i cimet.
c) Umiješajte smjesu brašna u mokru smjesu dok se ne sjedini. Ravnomjerno rasporedite tijesto u pripremljenu posudu za pečenje.
d) Pecite 35 minuta u prethodno zagrijanoj pećnici ili dok čačkalica zabodena u sredinu ne izađe čista.

51. Brownies od kore paprene metvice

Sastojci
- 20 oz. pakiranje fudge brownie mješavina
- 12 oz. pakiranje komadići bijele čokolade
- 2 t. margarin
- 1-1/2 c. štapići od slatkiša, zgnječeni

Upute
a) Pripremite i ispecite smjesu za brownie prema uputama na pakiranju, koristeći podmazanu posudu za pečenje 13"x9". Nakon pečenja potpuno ohladiti u plehu.
b) U loncu na vrlo laganoj vatri otopite komadiće čokolade i margarin neprestano miješajući gumenom kuhačom. Rasporedite smjesu preko kolačića; pospite zdrobljenim bombonom.
c) Pustite da odstoji oko 30 minuta prije rezanja na kvadrate. Čini 2 tuceta.

52. Pločice s maslacem od kikirikija

Sastojci
Kora
- 1 šalica bademovog brašna
- 1/4 šalice maslaca, otopljenog
- 1/2 žličice. Cimet
- 1 žlica eritritola
- Prstohvat soli

Fudge
- 1/4 šalice gustog vrhnja
- 1/4 šalice maslaca, otopljenog
- 1/2 šalice maslaca od kikirikija
- 1/4 šalice eritritola
- 1/2 žličice. Ekstrakt vanilije
- 1/8 žličice. Ksantan guma
- Preljevi
- 1/3 šalice Lily's Chocolate, nasjeckane

Upute
a) Zagrijte pećnicu na 400°F. Rastopite 1/2 šalice maslaca. Pola će biti za koru, a pola za kremu. Pomiješajte bademovo brašno i pola otopljenog maslaca.
b) Dodajte eritritol i cimet, pa promiješajte. Ako koristite neslani maslac, dodajte prstohvat soli da biste dobili više okusa.
c) Miješajte dok se ne ujednači i utisnite na dno posude za pečenje obložene papirom za pečenje. Pecite koru 10 minuta ili dok rubovi ne porumene. Izvadite i ostavite da se ohladi.
d) Za nadjev pomiješajte sve sastojke za kolače u malom blenderu ili procesoru hrane i izmiksajte. Možete koristiti i električni ručni mikser i zdjelu.
e) Obavezno ostružite stranice i dobro sjedinite sve sastojke.

f) Nakon što se kora ohladi, nježno rasporedite sloj kreme sve do stijenki posude za pečenje. Koristite lopaticu kako biste što bolje izravnali vrh.
g) Neposredno prije hlađenja, svoje pločice napunite malo nasjeckanom čokoladom.
h) Stavite u hladnjak preko noći ili zamrznite ako želite uskoro.
i) Kad se ohlade izvadite štanglice izvlačeći papir za pečenje.
j) Narežite na 8-10 štanglica i poslužite! U ovim slatkim pločicama s maslacem od kikirikija treba uživati ohlađene!

53. Omiljeni kolačići od tikvica

Sastojci
- 1/4 c. maslac, otopljen
- 1 šalica maslaca od kikirikija
- 1 jaje, tučeno
- 1 t. ekstrakt vanilije
- 1 c. višenamjensko brašno
- 1 t. prašak za pecivo
- 1/2 t. soda bikarbona
- 1 T. vode
- 1/2 t. sol
- 2-1/2 T. kakao za pečenje
- 1/2 c. nasjeckani orasi
- 3/4 c. tikvice, nasjeckane
- 1/2 c. komadići poluslatke čokolade

Upute
a) U velikoj zdjeli pomiješajte sve sastojke osim komadića čokolade.
b) Širite tijesto u podmazanu posudu za pečenje 8"x8"; pospite tijesto komadićima čokolade.
c) Pecite na 350 stupnjeva 35 minuta. Ohladiti prije rezanja na štanglice. Čini jedan tucet.

54. Brownies od sladne čokolade

Sastojci
- 12 oz. pakiranje komadići mliječne čokolade
- 1/2 c. maslac, omekšao
- 3/4 c. šećer
- 1 t. ekstrakt vanilije
- 3 jaja, istučena
- 1-3/4 c. višenamjensko brašno
- 1/2 c. sladno mlijeko u prahu
- 1/2 t. sol
- 1 c. kuglice od sladnog mlijeka, grubo nasjeckane

Upute
a) Otopite komadiće čokolade i maslac u loncu na laganoj vatri, često miješajući. Maknite s vatre; ostaviti da se malo ohladi.
b) Umiješajte preostale sastojke osim kuglica od sladnog mlijeka navedenim redoslijedom.
c) Rasporedite tijesto u podmazanu tepsiju 13"x9". Pospite kuglicama od sladnog mlijeka; pecite na 350 stupnjeva 30 do 35 minuta. Cool. Narežite na štanglice. Čini 2 tuceta.

55. Njemački čokoladni kolačići

Sastojci

- 14 oz. pakiranje karamele, bez omota
- 1/3 c. ispareno mlijeko
- 18-1/4 oz. pakiranje Njemačka mješavina za čokoladne kolače
- 1 c. nasjeckani orasi
- 3/4 c. maslac, otopljen
- 1 do 2 c. komadići poluslatke čokolade

Upute

a) Rastopite karamele s evaporiranim mlijekom na pari. U zdjeli pomiješajte suhu smjesu za kolače, orahe i maslac; miješajte dok se smjesa ne sjedini. Utisnite pola tijesta u namašćenu i pobrašnjenu tepsiju veličine 13"x9".

b) Pecite na 350 stupnjeva 6 minuta. Izvadite iz pećnice; pospite komadićima čokolade i prelijte smjesom od karamele. Žlicom prelijte preostalo tijesto po vrhu.

c) Pecite na 350 stupnjeva 15 do 18 minuta duže. Cool; izrezati na šipke. Čini 1-1/2 tuceta.

56. Mačka od zelenog čaja Matcha

Sastojci:
- Maslac od pečenih badema, 85 g
- Zobeno brašno, 60 g
- Nezaslađeno bademovo mlijeko od vanilije, 1 šalica
- Proteinski prah, 168 g
- Tamna čokolada, 4 oz. rastopljeni
- Matcha zeleni čaj u prahu, 4 žličice
- Ekstrakt stevije, 1 žličica
- Limun, 10 kapi

Upute
a) Otopite maslac u loncu i dodajte zobeno brašno, čaj u prahu, proteinski prah, kapljice limuna i steviju. Dobro promiješajte.
b) Sada ulijte mlijeko i neprestano miješajte dok se dobro ne sjedini.
c) Prebacite smjesu u kalup za kruh i stavite u hladnjak dok se ne stegne.
d) Odozgo prelijte otopljenom čokoladom i ponovno stavite u hladnjak dok se čokolada ne stegne.
e) Narežite na 5 ploškica i uživajte.

57. Medenjaci od medenjaka

Sastojci

- 1-1/2 c. višenamjensko brašno
- 1 c. šećer
- 1/2 t. soda bikarbona
- 1/4 c. kakao za pečenje
- 1 t. mljeveni đumbir
- 1 t. cimet
- 1/2 t. mljeveni klinčić
- 1/4 c. maslac, otopljen i malo ohlađen
- 1/3 c. melasa
- 2 jaja, istučena
- Ukras: šećer u prahu

Upute

a) U velikoj zdjeli pomiješajte brašno, šećer, sodu bikarbonu, kakao i začine. U posebnoj zdjeli pomiješajte maslac, melasu i jaja. Dodajte smjesu maslaca u smjesu brašna, miješajući dok se ne sjedini.

b) Rasporedite tijesto u podmazanu tepsiju 13"x9". Pecite na 350 stupnjeva 20 minuta ili dok čačkalica ne bude čista kada se umetne u sredinu.

c) Ohladite u tavi na rešetki. Pospite šećerom u prahu. Izrežite na kvadrate. Čini 2 tuceta.

KOLAČIĆI

58. Kolačići od pereca i karamele

Čini oko 2 tuceta

Sastojci
- 1 paket mješavine za čokoladnu tortu (uobičajene veličine)
- 1/2 šalice maslaca, otopljenog
- 2 velika jaja, sobne temperature
- 1 šalica izlomljenih minijaturnih pereca, podijeljena
- 1 šalica poluslatkih komadića čokolade
- 2 žlice slanog karamel preljeva

Upute
a) Zagrijte pećnicu na 350°. Pomiješajte smjesu za kolače otopljeni maslac i jaja; tucite dok se ne pomiješa. Umiješajte 1/2 šalice pereca, komadiće čokolade i preljev od karamele.
b) Ubacite po zaobljenu jušnu žlicu na udaljenosti od 2 inča na podmazane limove za pečenje. Lagano izravnajte s dnom čaše; pritisnite preostale perece na vrh svake. Pecite 8-10 minuta ili dok se ne stegne.
c) Ohladite na posudama 2 minute. Izvadite na rešetke da se potpuno ohlade.

59. Kolačić od konoplje

Čini 12 porcija

Sastojci
- 1 paket mješavine za čokoladnu tortu (uobičajene veličine)
- 2 velika jaja, sobne temperature
- 1/2 šalice maslinovog ulja
- 1 šalica poluslatkih komadića čokolade
- 1 šalica kremastog maslaca od kikirikija
- 1/2 šalice slastičarskog šećera

Upute
a) Zagrijte pećnicu na 350°.
b) U velikoj zdjeli pomiješajte smjesu za kolače, jaja i ulje dok se ne sjedine. Umiješajte komadiće čokolade. Pritisnite pola tijesta u 10-in. tava od lijevanog željeza ili druga vatrostalna tava.
c) Pomiješajte maslac od kikirikija i slastičarski šećer; rasporedite po tijestu u tavi.
d) Pritisnite preostalo tijesto između listova pergamenta u 10-in. krug; mjesto prepunjavanje.
e) Pecite dok čačkalica zabodena u sredinu ne izađe s vlažnim mrvicama, 20-25 minuta.

60. Smjesa za kolače

Proizvodi: 54 porcije

Sastojak
- 1 pakiranje njemačke mješavine za čokoladne kolače; uključen puding
- 1 šalica poluslatkog čokoladnog čipsa
- ½ šalice valjane zobi
- ½ šalice grožđica
- ½ šalice maslinovog ulja
- 2 jaja; malo pretučen

Upute
a) Zagrijte pećnicu na 350 stupnjeva.
b) U velikoj zdjeli pomiješajte sve sastojke; dobro izmiješati. Ubacite tijesto po zaobljenu čajnu žličicu na udaljenosti od dva inča na nenamazane limove za kolačiće.
c) Pecite na 350 stupnjeva 8-10 minuta ili dok se ne stegne. Ohladiti 1 minutu; uklonite s listova kolačića.

61. Devil Crunch Cookies

Pravi: 60 KOLAČIĆA

Sastojci
- 1 mješavina za čokoladnu tortu od 18,25 unci
- ½ šalice maslinovog ulja
- 2 jaja, malo tučena
- ½ šalice nasjeckanih pekan oraha
- 5 običnih pločica mliječne čokolade, podijeljenih na kvadrate
- ½ šalice zaslađenog kokosa u listićima

Upute
a) Zagrijte pećnicu na 350°F.
b) Pomiješajte smjesu za kolače, ulje i jaja u zdjeli i potpuno promiješajte. Nježno umiješajte pekan orahe u tijesto.
c) Ubacite tijesto žlicom na nepodmazane limove za kekse. Pecite 10 minuta. Izvadite kada se kolačići stvrdnu, ali još uvijek malo mekani u sredini.
d) Na svaki kolačić stavite po jedan kvadratić mliječne čokolade. Kad se otopi, premažite da napravite čokoladni premaz na vrhu kolačića.
e) Odmah prebacite kolačiće na rešetku i ostavite ih da se potpuno ohlade.

62. Pecan kolačići

Pravi: 24 KOLAČIĆA

Sastojci
- 1 šalica mješavine za kolače s maslacem i pekan orahima
- 1 šalica mješavine za čokoladnu tortu
- 2 jaja, malo tučena
- $\frac{1}{2}$ šalice maslinovog ulja
- 2 žlice vode

Upute
a) Zagrijte pećnicu na 350°F.
b) Pomiješajte sastojke i izmiješajte da dobijete jednoličnu smjesu.
c) Kapajte po žlicu na nepodmazan lim za kekse. Pecite 15 minuta ili dok ne poprimi zlatnu boju.
d) Pustite da se ohladi na limu za kolačiće 5 minuta. Izvadite na rešetku da se potpuno ohladi.

63. Brownies sa šlagom

Pravi: 48 KOLAČIĆI

Sastojci
- 1 mješavina za čokoladni kolač od 18 unci
- 1 žlica kakaa u prahu
- 1 jaje
- 1 šalica nasjeckanih oraha oraha
- ¼ šalice šećera
- 4 unce tučenog preljeva

Upute
a) Zagrijte pećnicu na 350°F.
b) Pomiješajte smjesu za kolače, kakao prah i jaje i dobro promiješajte. Lagano umiješajte pekan orahe u tijesto.
c) Ruke pospite šećerom, pa od tijesta oblikujte male kuglice. Kuglice od keksa premazati šećerom.
d) Stavite na lim za kolačiće, ostavljajući 2 inča između kolačića.
e) Pecite 12 minuta ili dok se ne stegne. Izvadite iz pećnice i prebacite na žičanu rešetku da se ohladi. Prelijte umućenim preljevom.

64. Mješavina za kolače Sendvič kolačići

Proizvodi: 10

Sastojci
- 1 mješavina za čokoladne torte od 18,25 unce
- 1 jaje, sobne temperature
- ½ šalice maslaca
- 1 glazura od vanilije od 12 unci

Upute
a) Zagrijte pećnicu na 350°F.
b) Pokrijte lim za kekse slojem papira za pečenje. Staviti na stranu.
c) U velikoj zdjeli za miješanje pomiješajte smjesu za kolače, jaje i maslac. Upotrijebite električni mikser kako biste stvorili glatko, jednolično tijesto.
d) Razvaljajte tijesto za kekse u kuglice od 1" i stavite ih na lim za kekse. Pritisnite svaku kuglicu žlicom da se spljošti. Pecite 10 minuta.
e) Ostavite kolačiće da se potpuno ohlade prije nego što stavite sloj glazure između dva kolačića.

65. Granola i čokoladni kolačići

Proizvodi: 36 KOLAČIĆA

Sastojci
- 1 mješavina za čokoladnu tortu od 18,25 unci
- ¾ šalice maslaca. omekšao
- ½ šalice pakiranog smeđeg šećera
- 2 jaja
- 1 šalica granole
- 1 šalica komadića bijele čokolade
- 1 šalica suhih višanja

Upute
a) Zagrijte pećnicu na 375°F.
b) U velikoj zdjeli pomiješajte smjesu za kolače, maslac, smeđi šećer i jaja i tucite dok se ne formira tijesto.
c) Umiješajte granolu i komadiće bijele čokolade. Ubacite po žličicu na razmaku od oko 2 inča na nepodmazane limove za kolačiće.
d) Pecite 10-12 minuta ili dok kolačići ne porumene oko rubova.
e) Ohladite na listovima za kolačiće 3 minute, a zatim ih izvadite na rešetku.

66. Šećerni kolačići

Pravi: 48 KOLAČIĆA

Sastojci
- 1 mješavina za tortu od bijele čokolade od 18,25 unce
- ¾ šalice maslaca
- 2 bjelanjka
- 2 žlice svijetle kreme

Upute
a) Stavite smjesu za kolače u veliku zdjelu. Pomoću miješalice za tijesto ili dviju vilica izrežite maslac dok čestice ne postanu fine.
b) Umiješajte bjelanjke i vrhnje dok se ne sjedine. Tijesto oblikujte u kuglu i pokrijte.
c) Hladite najmanje dva sata i najviše 8 sati u hladnjaku.
d) Zagrijte pećnicu na 375°F.
e) Razvaljajte tijesto u kuglice od 1" i stavite na nepodmazane limove za kekse. Spljoštite na ¼" debljine dnom čaše.
f) Pecite 7-10 minuta ili dok rubovi kolačića ne postanu svijetlo smeđi.
g) Ohladite na listovima za kolačiće 2 minute, zatim ih izvadite na rešetke da se potpuno ohlade.

67. njemački kolačići

Izrađuje: 4 tuceta kolačića

Sastojci
- 1 kutija od 18,25 unci Njemačka mješavina za čokoladne kolače
- 1 šalica poluslatkih komadića čokolade
- 1 šalica zobenih pahuljica
- ½ šalice maslinovog ulja
- 2 jaja, malo tučena
- ½ šalice grožđica
- 1 žličica vanilije

Upute
a) Zagrijte pećnicu na 350°F.
b) Sjediniti sve sastojke. Dobro izmiješajte električnom miješalicom na niskoj brzini. Ako se razviju brašnaste mrvice, dodajte malo vode.
c) Spuštajte tijesto žlicom na nepodmazan lim za kekse.
d) Pecite 10 minuta.
e) Potpuno ohladite prije nego što kolačiće skinete s lima i stavite na posudu za posluživanje.

68. Kolačići od anisa

Porcije: 36

Sastojci:
- 1 šalica šećera
- 1 šalica maslaca
- 3 šalice brašna
- ½ šalice mlijeka
- 2 razmućena jaja
- 1 žlica praška za pecivo
- 1 žlica ekstrakta badema
- 2 žličice likera od anisa
- 1 šalica slastičarskog šećera

Upute:
a) Zagrijte pećnicu na 375 stupnjeva Fahrenheita.
b) Pjenasto izmiksajte šećer i maslac dok ne postane svijetlo i pjenasto.
c) Postupno dodajte brašno, mlijeko, jaja, prašak za pecivo i ekstrakt badema.
d) Mijesite tijesto dok ne postane ljepljivo.
e) Napravite male kuglice od komada tijesta duljine 1 inča.
f) Zagrijte pećnicu na 350°F i namastite lim za pečenje. Stavite kuglice na lim za pečenje.
g) Zagrijte pećnicu na 350°F i pecite kolačiće 8 minuta.
h) Pomiješajte liker od anisa, slastičarski šećer i 2 žlice vruće vode u posudi za miješanje.
i) Na kraju kolačiće umočite u glazuru dok su još topli.

69. Keksi sa cokoladnim komadima

Porcije: 12 kolačića

Sastojci:
- ½ šalice maslaca
- ⅓ šalice krem sira
- 1 umućeno jaje
- 1 žličica ekstrakta vanilije
- ⅓ šalice eritritola
- ½ šalice kokosovog brašna
- ⅓ šalice komadića čokolade bez šećera

Upute:
a) Zagrijte fritezu na 350°F. Obložite košaricu friteze papirom za pečenje i stavite kolačiće unutra
b) U zdjeli pomiješajte maslac i krem sir. Dodajte eritritol i ekstrakt vanilije i miksajte dok ne postane pjenasto. Dodajte jaje i tucite dok se ne sjedini. Umiješajte kokosovo brašno i komadiće čokolade. Ostavite tijesto da odstoji 10 minuta.
c) Odvojite oko 1 žlicu tijesta i oblikujte kolačiće.
d) Stavite kolačiće u košaricu friteze i pecite ih 6 minuta.

70. Slatki zeleni kolačići

Sastojci:

- 165 g zelenog graška.
- 80 g nasjeckanih Medrol urmi.
- 60 g svilenog tofua, pasiranog.
- 100 g bademovog brašna.
- 1 žličica praška za pecivo.
- 12 badema.

Upute:

a) Zagrijte pećnicu na 180°C/350°F.
b) Pomiješajte grašak i datulje u multipraktiku.
c) Procesirajte dok se ne formira gusta pasta.
d) Prebacite smjesu graška u zdjelu. Umiješajte tofu, bademovo brašno i prašak za pecivo. Od smjese oblikujte 12 loptica.
e) Kuglice slažite u pleh obložen papirom za pečenje. Svaku lopticu spljoštiti nauljenim dlanom.
f) U svaki kolačić ubaciti badem. Pecite kolačiće 25-30 minuta ili dok ne porumene.
g) Prije posluživanja ohladite na rešetki.

71. Kolačići s komadićima čokolade

Sastojci:
- 2 šalice višenamjenskog bezglutenskog brašna.
- 1 žličica sode bikarbone.
- 1 žličica morske soli.
- 1/4 šalice veganskog jogurta.
- 7 žlica veganskog maslaca.
- 3 žlice maslaca od indijskih oraščića
- 1 1/4 šalice kokosovog šećera.
- 2 chia jaja.
- Tamna čokolada, porcije provaliti.

Upute:
a) Zagrijte pećnicu na 375° F
b) U zdjeli srednje veličine pomiješajte bezglutensko brašno, sol i sodu bikarbonu. Ostavite sa strane dok otopite maslac.
c) Stavite maslac, jogurt, maslac od indijskih oraščića, kokosov šećer u zdjelu i pomoću postolja za miješanje ili ručnog miksera miksajte nekoliko minuta dok se ne sjedini.
d) Dodajte chia jaja i dobro promiješajte.
e) Dodajte brašno u mješavinu chia jaja i miješajte na niskoj razini dok se smjesa ne sjedini.
f) Ubacite komadiće čokolade.
g) Stavite tijesto u hladnjak da se stegne 30 minuta.
h) Izvadite tijesto iz hladnjaka i ostavite da se spusti na sobnu temperaturu, oko 10 minuta, te obložite pleh papirom za pečenje.
i) Rukama zagrabite 1 1/2 žlicu tijesta za kekse na papir za pečenje. Ostavite malo mjesta između svakog kolačića.
j) Kolačiće pecite 9-11 minuta. Oduševite se!

72. Kolačići za predjelo od sira

Prinos: 1 porcija

Sastojak
- 4 unce (1 šalica) nasjeckanog oštrog cheddar sira.
- ½ šalice majoneze ili omekšalog maslaca
- 1 šalica višenamjenskog brašna
- ½ žličice soli
- 1 crtica mljevene crvene paprike

Upute:
a) Lagano žlicom dodajte brašno u mjernu posudu; izravnati.
b) U umjerenoj posudi pomiješati sir, margarin, brašno, sol i crvenu papriku. Dobro promiješajte, pokrijte i ostavite na hladnom 1 sat.
c) Oblikujte tijesto u kuglice od 1 inča.
d) Stavite 2 inča jedno od drugog na nepodmazanu rešetku. Poravnajte zupcima vilice ili upotrijebite površinu aparata za omekšavanje mesa umočenu u brašno.
e) Po želji lagano pospite paprikom.
f) Pecite na roštilju 10 do 12 minuta

73. Kolačići sa šećerom od badema

Prinos: 32 kolačića

Sastojak
- 5 žlica margarina (75 g)
- 1½ žlica fruktoze
- 1 žlica bjelanjka (15 ml)
- ¼ žličice ekstrakta badema, vanilije ili limuna (1,25 ml)
- 1 šalica nebijeljenog brašna (125 g)
- ⅛ žličice sode bikarbone (0,6 ml)
- 1 prstohvat kreme od tartara
- 32 kriške badema

Upute
a) Zagrijte pećnicu na 350F (180C). U zdjeli srednje veličine pomiješajte margarin i fruktozu, tukući dok ne postane svijetlo i pjenasto. Pomiješajte bjelanjak i ekstrakt badema. Postupno umiješajte brašno, sodu bikarbonu i kremu od tartara; dobro promiješajte. Oblikujte kuglice od ½ inča (1½ cm). Stavite na neljepljivi lim za kekse.

b) Pokrijte svaki kolačić kriškom badema. Pecite 8 do 10 minuta, dok lagano ne porumene. Prebacite na pergament ili voštani papir da se ohladi.

74. Šećerni kolačići

Pravi: 48 KOLAČIĆA

Sastojci
- 1 mješavina za tortu od bijele čokolade od 18,25 unce
- ¾ šalice maslaca
- 2 bjelanjka
- 2 žlice svijetle kreme

Upute
a) Stavite smjesu za kolače u veliku zdjelu. Pomoću miješalice za tijesto ili dviju vilica izrežite maslac dok čestice ne postanu fine.
b) Umiješajte bjelanjke i vrhnje dok se ne sjedine. Tijesto oblikujte u kuglu i pokrijte.
c) Hladite najmanje dva sata i najviše 8 sati u hladnjaku.
d) Zagrijte pećnicu na 375°F.
e) Razvaljajte tijesto u kuglice od 1" i stavite na nepodmazane limove za kekse. Spljoštite na ¼" debljine dnom čaše.
f) Pecite 7-10 minuta ili dok rubovi kolačića ne postanu svijetlo smeđi.
g) Ohladite na listovima za kolačiće 2 minute, zatim ih izvadite na rešetke da se potpuno ohlade.

75. Šećerni kolačići s glazurom od putera

PRINOS: 5 TUCETA

Sastojci

Kolačić:
- 1 šalica maslaca
- 1 šalica bijelog šećera
- 2 jaja
- 1/2 žličice ekstrakta vanilije
- 3 1/4 šalice višenamjenskog brašna
- 1/2 žličice praška za pecivo
- 1/2 žličice sode bikarbone
- 1/2 žličice soli

Glazura od putera:
- 1/2 šalice masti
- 1 funta slastičarskog šećera
- 5 žlica vode
- 1/4 žličice soli
- 1/2 žličice ekstrakta vanilije
- 1/4 žličice ekstrakta s okusom maslaca

Upute

a) U velikoj zdjeli električnom miješalicom pomiješajte maslac, šećer, jaja i vaniliju dok smjesa ne postane svijetla i pjenasta. Pomiješajte brašno, prašak za pecivo, sodu bikarbonu i sol; postupno umiješajte smjesu brašna u smjesu maslaca dok se dobro ne izmiješa koristeći čvrstu žlicu. Ohladite tijesto 2 sata.

b) Zagrijte pećnicu na 400°F (200°C). Na lagano pobrašnjenoj površini razvaljajte tijesto na 1/4 inča debljine. Rezati kalupima za kekse u željene oblike. Stavite kolačiće 2 inča jedan od drugog na nepodmazane listove za kolačiće.

c) Pecite 4 do 6 minuta u prethodno zagrijanoj pećnici. Izvadite kolačiće iz kalupa i ohladite na rešetkama.

d) Električnom miješalicom izmiksajte mast, slastičarski šećer, vodu, sol, ekstrakt vanilije i aromu maslaca dok ne postane pjenasta. Premažite kolačiće nakon što se potpuno ohlade.

76. Šećerni kolačići od badema

Prinos: 1 porcija
Sastojak
- $2\frac{1}{4}$ šalice višenamjenskog brašna
- 1 šalica šećera
- 1 šalica maslaca
- 1 jaje
- 1 žličica sode bikarbone
- 1 žličica vanilije
- 6 unci komadića badema

Upute
a) Zagrijte pećnicu na 350F. Podmažite kalupe za kolačiće. U velikoj zdjeli miksera pomiješajte brašno, šećer, maslac, jaje, sodu bikarbonu i vaniliju. Tucite srednjom brzinom, često stružući zdjelu, dok se dobro ne izmiješa, 2 do 3 minute. Umiješajte komadiće badema.

b) Oblikujte okrugle žlice pune tijesta u kuglice od 1 inča. Stavite 2 inča razmaka na pripremljene listove kolačića. Spljoštite kolačiće na $\frac{1}{4}$ inča debljine s dnom maslacem namazanim staklom umočenim u šećer.

c) Pecite 8 do 11 minuta ili dok rubovi vrlo lagano ne porumene. Odmah ukloniti.

77. Amiški šećerni kolačići

Prinos: 24 porcije

Sastojak

- ½ šalice šećera;
- ⅓ šalice šećera u prahu;
- ¼ šalice margarina; (1/2 štapića)
- ⅓ šalice biljnog ulja
- 1 jaje; (veliki)
- 1 žličica vanilije
- 1 žličica arome limuna ili badema
- 2 žlice vode
- 2¼ šalice višenamjenskog brašna
- ½ žličice sode bikarbone
- ½ žličice tartara;
- ½ žličice soli

Upute

a) U zdjelu miksera stavite šećer, margarin i ulje i miksajte srednjom brzinom dok ne postane kremasto. Dodajte jaje, vaniliju, aromu i vodu te miješajte srednjom brzinom 30 sekundi, stružući zdjelu prije i nakon dodavanja ovih sastojaka. Pomiješajte preostale sastojke da se dobro sjedine; dodajte u kremastu smjesu i miješajte srednjom brzinom da se sjedini. Od tijesta oblikujte 24 loptice koristeći 1 žlicu tijesta po loptici.

b) Stavite kuglice na lim za kolačiće koji ste poprskali sprejom za tavu ili obložili aluminijskom folijom. Pritisnite kuglice ravnomjerno do ½' stražnjom stranom žlice umočenom u vodu. Pecite na 375 °C 12 do 14 minuta, ili dok kolačići ne porumene na dnu i lagano porumene oko rubova. Izvadite kolačiće na rešetku i ohladite na sobnu temperaturu.

78. Osnovni šećerni kolačići od svinjske masti

Prinos: 1 porcija
Sastojak
- ¾ šalice svinjske masti
- ¾ šalice pakiranog smeđeg šećera
- 1 svako jaje
- 1 žličica vanilije
- 1 žličica praška za pecivo
- 2 šalice brašna

Upute
a) Tucite zajedno mast, šećer i jaje dok ne postane kremasto i dobro izmiješano.
b) Umiješajte vaniliju, te dodajte prašak za pecivo i brašno dok ne dobijete tijesto.
c) Oblikujte tijesto u kuglice promjera oko 1 inča i stavite na lim za kekse.
d) Kuglice malo spljoštite prstima da dobijete okrugli kolačić.
e) Pecite u prethodno zagrijanoj pećnici na 350 dok rubovi ne porumene. Izvadite i ostavite da se ohladi.

79. Kolačići sa šećerom od cimeta

Prinos: 48 porcija

Sastojak
- 2½ šalice brašna
- ½ šalice maslaca
- 2½ žličice praška za pecivo
- ¾ šalice šećera
- ¼ žličice soli
- 1 jaje; pretučen
- ⅛ žličice cimeta
- ½ šalice mlaćenice
- Smjesa šećera
- ½ šalice šećera
- 1 žličica cimeta

Upute
a) Pomiješajte brašno s praškom za pecivo, soli i ⅛ žličice cimeta. U drugu zdjelu stavite mast i šećer dok ne postane svijetla i pahuljasta.
b) Dodajte jaje i dobro umutite. Umiješajte ⅓ brašna, zatim dodajte mlijeko i preostalo brašno, miješajući između svakog dodavanja.
c) Nemojte dodavati više brašna, napravit će se mekano tijesto koje se neće lijepiti nakon što se ohladi. Ohladite tijesto u hladnjaku na par sati dok se potpuno ne ohladi.
d) Žlicama uzimati tijesto i lagano oblikovati kuglice. Uvaljajte kuglice od tijesta u mješavinu cimeta/šećera, zatim ih poravnajte i stavite na podmazan lim za kolačiće i pecite na 375 stupnjeva oko 12 minuta.
e) Kolačići trebaju biti nježno rumeni.

80. Izlomljeni šećerni kolačići

Prinos: 48 porcija
Sastojak
- 1¼ šalice šećera
- 1 šalica maslaca, omekšalog
- 3 velika žumanjka, istučena
- 1 žličica ekstrakta vanilije
- 2½ šalice prosijanog višenamjenskog brašna
- 1 žličica sode bikarbone
- ½ žličice kreme od tartara

Upute
a) Zagrijte pećnicu na 350 stupnjeva. Lagano namastite dva lima za kolačiće. Miješajte šećer i maslac dok ne posvijetle. Istucite žumanjke i vaniliju.
b) Prosijte zajedno izmjereno prosijano brašno, sodu bikarbonu i tartar, zatim umiješajte u smjesu maslaca i šećera.
c) Od tijesta oblikujte kuglice veličine oraha. Stavite 2" razmaka na listove kolačića. Nemojte poravnati. Pecite oko 11 minuta, dok vrhovi ne popucaju i tek poprime boju. Ohladite na rešetki. Za 4 tuceta.

81. Pecan šećerni kolačići

Prinos: 1 porcija

Sastojak
- 1¼ šalice šećera, svijetlosmeđa voda
- 3 žlice meda
- 1 jaje
- 2⅓ šalice brašna
- 1 šalica oraha oraha, krupno mljevenog
- 2½ žlice cimeta
- 1 žlica sode bikarbone
- 1 žlica pimenta

Upute
a) U zdjeli za miješanje pomiješajte smeđi šećer, vodu, med i jaje. Mikserom mutiti oko 10 sekundi.
b) U zasebnoj zdjeli pomiješajte brašno, pecan orahe, cimet, piment i sodu bikarbonu, prašak za pecivo, dobro promiješajte.
c) Dodajte mokrim sastojcima i promiješajte. Ubacite tijesto po žličicu na podmazan lim za kekse. Pecite na 375 stupnjeva 12 minuta.
d) Pravi oko 3 tuceta kolačića. Neka se dobro ohladi prije spremanja.

CUPCAKEKSI I MUFFINI

82. kolačići od mješavine limunske torte

Čini 2 tuceta

Sastojci
- 1 paket mješavine za kolače od bijele čokolade
- 1/4 šalice lemon curda
- 3 žlice soka od limuna
- 3 žličice ribane korice limuna
- 1/2 šalice maslaca, omekšalog
- 3-1/2 šalice slastičarskog šećera
- 1/4 šalice džema od jagoda bez sjemenki
- 2 žlice 2% mlijeka

Upute
a) Obložite 24 kalupa za muffine papirnatim ulošcima.
b) Pripremite tijesto za kolače prema uputama na pakiranju, smanjite količinu vode za 4 žlice i dodajte lemon curd, limunov sok, limunovu koricu prije miješanja tijesta.
c) Napunite pripremljene šalice otprilike do dvije trećine.
d) Ispecite i ohladite cupcakese prema uputama.
e) U velikoj zdjeli izmiksajte maslac, slastičarski šećer, džem i mlijeko dok smjesa ne postane glatka. Mrazom ohlađeni kolačići.

83. Čokoladni karamel kolačići

Čini 2 tuceta

Sastojci
- 1 paket smjese za čokoladnu tortu
- 3 žlice maslaca
- 24 karamele
- 3/4 šalice poluslatkih komadića čokolade
- 1 šalica nasjeckanih oraha
- Dodatni orasi

Upute
a) Pripremite smjesu za kolače prema uputama na pakiranju za kolače koristeći maslac.
b) Napunite 24 papirom obložene posude za muffine do jedne trećine; ostavite preostalo tijesto sa strane. Pecite na 350° 7-8 minuta ili dok se vrh cupcakea ne stegne.
c) Nježno utisnite karamel u svaki kolačić; pospite komadićima čokolade i orasima. Prelijte preostalim tijestom.
d) Pecite još 15-20 minuta ili dok čačkalica ne izađe čista.
e) Ohladite 5 minuta prije vađenja iz posuda na rešetke da se potpuno ohlade.

84. Mud Pie Cupcakes

Proizvodi: 24

Sastojci
- 1 mješavina za čokoladne kolače u kutiji od 18,25 unce plus sastojci navedeni na kutiji
- 3 žlice maslaca
- 1 čokoladna glazura od 16 unci
- 2 šalice izmrvljenih čokoladnih sendvič kolačića
- Čokoladni sirup za ukrašavanje
- 1 pakiranje gumenog crva od 8 unci

Upute
a) Pripremite i ispecite cupcakese prema uputama za smjesu za kolače.
b) Ostavite kolačiće da se potpuno ohlade prije stavljanja glazure.
c) Glazuru premažite mrvicama kolačića i pokapajte čokoladnim sirupom.
d) Prepolovite gumene crve. Svaki odrezani rub stavite u glazuru kako biste stvorili iluziju crva koji klizi u blatu.

85. Mješavina za kolač Pumpkin Muffins

Proizvodi: 24

Sastojci
- 1 konzerva pirea od bundeve od 29 unci
- 1 mješavina za čokoladne torte od 16,4 unce
- 3 žlice ulja

Upute
a) Zagrijte pećnicu prema uputama za smjesu za kolače koristeći ulje.
b) Kalupe za muffine obložite papirnatim posudama za pečenje.
c) Pomiješajte pire od bundeve u smjesu za kolače. Izliti u kalupe za muffine.
d) Pecite prema uputama za smjesu za muffine.

86. Mješavina za kolač Praline Cupcakes

Priprema: 24 kolačića

Sastojci
- 1 mješavina za čokoladne torte od 18,25 unce
- 1 šalica mlaćenice
- ¼ šalice maslinovog ulja
- 4 jaja
- Preljev za sladoled od karamele
- Sjeckani pecan orasi za ukras
- 72 praline

Upute
a) Zagrijte pećnicu na 350°F. Kalup za muffine obložite papirnatim kalupima za pečenje.
b) Pomiješajte smjesu za kolače, mlaćenicu, ulje i jaja u velikoj zdjeli za miješanje i tucite električnom miješalicom na niskoj brzini dok ne dobijete glatko tijesto. Napunite posude za pečenje do pola.
c) Pecite 15 minuta ili dok vrhovi ne porumene. Izvadite kolačiće iz pećnice i ostavite da se potpuno ohlade prije dodavanja preljeva.
d) Vrh cupcakesa prelijte karamel preljevom; pospite pekan orahima i ukrasite s 3 praline po kolaču.

87. Piña Colada kolačići

Priprema: 24 kolačića

Sastojci
- 1 mješavina za tortu od bijele čokolade od 18,25 unce
- 1 kutija od 3,9 unci instant francuske mješavine pudinga od vanilije
- ¼ šalice maslinovog ulja
- ½ šalice vode
- 2/3 šalice svijetlog ruma, podijeljeno
- 4 jaja
- 1 limenka od 14 unci plus 1 šalica zdrobljenog ananasa
- 1 šalica zaslađenog kokosa u listićima
- 1 glazura od vanilije od 16 unci
- 1 tučeni preljev od 12 unci bez mliječnih proizvoda
- Tostirani kokos za ukras
- Koktel suncobrani

Upute
a) Zagrijte pećnicu na 350°F.
b) Električnom miješalicom na srednjoj brzini izmiješajte smjesu za kolače, smjesu za puding, ulje, vodu i 1/3 šalice ruma. Dodajte jaja jedno po jedno, polako muteći tijesto dok idete.
c) Složite konzervu ananasa i kokosa. Izlijte u kalupe i pecite 25 minuta.
d) Za pripremu glazure pomiješajte 1 šalicu zdrobljenog ananasa, preostalu 1/3 šalice ruma i glazuru od vanilije dok ne postane gusta.
e) Dodajte tučeni preljev bez mlijeka.
f) Potpuno ohlađene kolačiće prelijte glazurom i ukrasite prženim kokosom i suncobranom.

88. Cherry Cola mini kolači

Proizvodi: 24

Sastojci
- 2 jaja
- 1 žličica vanilije
- 1 mješavina za tortu od bijele čokolade od 18,25 unce
- 1 $\frac{1}{4}$ šalice cole s okusom trešnje
- 1 gotova glazura od 12 unci po vašem izboru

Upute
a) Zagrijte pećnicu na 350°F.
b) Kalup za muffine obložite papirnatim kalupima za pečenje. Lagano poprskajte sprejom za kuhanje.
c) Pomiješajte jaja, vaniliju, smjesu za kolače i cherry colu u posudi za miješanje i dobro izmiješajte električnom miješalicom.
d) Pecite 20 minuta.
e) Potpuno ohlađeni kolačići

89. Red Velvet Cupcakes

Priprema: 24 kolačića

Sastojci
- 2 bjelanjka
- 2 šalice mješavine za kolač od crvenog baršuna
- 1 šalica mješavine za čokoladnu tortu
- 1 vrećica komadića čokolade od 12 unci
- 1 limenka sode od limuna i limete od 12 unci
- 1 glazura od kiselog vrhnja spremna za mazanje od 12 unci

Upute
a) Zagrijte pećnicu na 350°F. Kalup za muffine obložite papirnatim kalupima za pečenje.
b) Pomiješajte bjelanjke, obje smjese za kolače, komadiće čokolade i sodu u velikoj zdjeli za miješanje. Dobro izmiješajte dok se ne formira glatka smjesa. Ulijte tijesto u posude za pečenje.
c) Pecite 20 minuta.
d) Ostavite kolačiće da se ohlade prije glazure.

90. kolačići od pite od jabuka

Proizvodi: 24

Sastojci
- 1 mješavina za tortu od bijele čokolade od 18,25 unce
- ¼ šalice vode
- ¼ šalice kokosovog ulja
- 1 jaje
- 2 žlice pripremljene mješavine začina za pitu od bundeve
- 1 nadjev za pitu od jabuka u limenci od 15 unci
- 1 glazura od krem sira od 12 unci

Upute
a) Zagrijte pećnicu na 350°F. Kalup za muffine obložite papirnatim kalupima za pečenje.
b) Smjesu za kolače, vodu, kokosovo ulje, jaje i mješavinu začina miješajte električnom miješalicom dok ne dobijete glatku smjesu.
c) Ubacite nadjev za pitu. Napunite posude za pečenje do pola. Pecite 23 minute.
d) Ostavite kolačiće da se ohlade na rešetki prije glazure.

91. Miš kolačići

Priprema: 24 kolačića

Sastojci
- 1 mješavina za čokoladne kolače u kutiji od 18,25 unce plus sastojci navedeni na kutiji
- 1/2 šalice ulja
- 24 mala okrugla čokoladna mint kolačića, prepolovljena
- 1 vrećica okrugle čokolade prekrivene bombonima od 12,6 unci
- Tanke žice crnog sladića
- 24 kuglice sladoleda od čokolade

Upute
a) Zagrijte pećnicu na 375°F. Kalup za muffine obložite papirnatim kalupima za pečenje.
b) Pripremite tijesto i pecite prema uputama za smjesu za kolače koristeći maslinovo ulje.
c) Izvadite kolačiće iz pećnice i ostavite ih da se potpuno ohlade.
d) Izvadite kolačiće iz papirnatih čaša.
e) Koristeći prepolovljene okrugle kolačiće za uši, bombone za oči i nos i sladić za brkove, ukrasite kolačiće tako da podsjećaju na miševe. Stavite na lim za kekse i zamrznite.

92. Kirsch čokoladni muffini

Čini: 6-8

Sastojci:
- 1/2 žličice. soda bikarbona
- 1/2 šalice maslaca
- ½ šalice grubo narezane tamne čokolade
- 3/4 šalice smeđeg šećera
- 1/4 šalice nezaslađenog kakaa u prahu
- 3/4 šalice mlijeka
- 1 1/4 šalice samodizajućeg brašna
- 2 jaja
- 15 unci tamnih višanja u sirupu
- 1 žlica kakaa
- Dodatna 1 žličica. šećer za glazuru

Upute
a) Stavite pećnicu na 350°F. Pripremite tepsiju za muffine s 12 rupica i obloge. Pjenasto izradite maslac i šećer, dodajući jedno po jedno jaje.
b) Uzmite sodu bikarbonu, kakao i brašno i prosijte zajedno sa smjesom maslaca od prije.
c) Završite sjedinjavanjem s mlijekom, čokoladom i maslacem od prije.
d) Završite miješanjem s mlijekom, čokoladom i 25 minuta. Znak da su kolačići gotovi je test čistom čačkalicom.
e) Kad je kuhano, skloniti s vatre i ostaviti da se ohladi dok se napravi glazura. Frost i uživajte!

93. Muffini od mrkve

Čini: 10-12

Sastojci:
- $1\frac{3}{4}$ šalice brašna
- 1 žličica soli
- 1 žličica cimeta
- 1 žličica mljevenog đumbira
- $\frac{1}{2}$ žličice naribanog muškatnog oraščića
- $\frac{1}{4}$ žličice sode bikarbone
- $\frac{1}{8}$ žličice praška za pecivo
- 1 šalica javorovog sirupa
- $\frac{1}{2}$ šalice krutog otopljenog kokosovog ulja
- $\frac{1}{2}$ šalice mlijeka
- 1 žlica svježeg soka od limuna
- 1 žličica ekstrakta vanilije
- 2 šalice naribane mrkve
- $\frac{1}{2}$ šalice zdrobljenog ananasa, ocijeđenog
- $\frac{1}{2}$ šalice grožđica, kokosa i pekan oraha

Upute
a) Zagrijte pećnicu na 350°F. Dva kalupa za muffine od 12 čaša obložite papirom za muffine ili ih namastite i pobrašnite.
b) U velikoj zdjeli pomiješajte brašno, sol, cimet, đumbir, muškatni oraščić, sodu bikarbonu i prašak za pecivo.
c) U posebnoj zdjeli pomiješajte javorov sirup, kokosovo ulje, mlijeko, limunov sok i vaniliju.
d) Pomiješajte i mokre i suhe sastojke, a zatim lagano miješajte dok se ne sjedine
e) Ubacite mrkvu, ananas, grožđice, kokos i pekan orahe.
f) Pripremljene kalupe za muffine napunite do dvije trećine. Ostavite kolač da se peče oko 25 minuta.
g) Neka se malo ohlade prije posluživanja.

94. Rum kolačići s grožđicama

Sastojci:
Rum Grožđice
- ¼ šalice tamnog ruma
- ½ šalice zlatnih grožđica

kolačići
- 1 šalica višenamjenskog brašna
- 1¼ žličice praška za pecivo
- ¼ žličice mljevenog cimeta
- ⅛ žličice mljevene pimente
- ⅛ žličice svježe naribanog muškatnog oraščića
- ½ šalice maslaca, malo omekšalog
- 2 žlice neslanog maslaca, malo omekšalog
- ¾ šalice svijetlo smeđeg šećera
- 3 velika jaja
- 1 žlica čistog ekstrakta vanilije
- ¼ žličice ekstrakta čistog ruma

Glazura od slatkog vrhnja
- ¼ šalice neslanog maslaca
- ½ šalice gustog vrhnja
- 2 šalice šećera u prahu, prosijanog
- ⅛ žličice soli

Upute
a) Pripremite rum grožđice: U manjoj posudi zagrijte rum na laganoj vatri.
b) Umiješajte grožđice i stavite ih dalje od vatre.
c) Stavite smjesu u zdjelu, a zatim je pokrijte folijom i ostavite na sobnoj temperaturi najmanje 6 sati ili preko noći.
d) Pripremite cupcakese: Zagrijte pećnicu na 180C
e) U kalup za muffine staviti papirnate podloge. U srednjoj posudi pomiješajte brašno, prašak za pecivo, cimet, piment i muškatni oraščić.

f) Staviti na stranu. U velikoj zdjeli električnom miješalicom tucite zajedno maslac, obični maslac i smeđi šećer na srednjoj do visokoj brzini dok ne vidite da postane svijetlo i poput oblaka, postupno dodajte jaja, dobro tučeći nakon svakog dodavanja.
g) Umutite ekstrakte vanilije i ruma. Smanjite brzinu miksera na nisku, dodajte mješavinu brašna i miješajte dok se smjesa ne sjedini.
h) Umiješajte grožđice ruma i preostalu tekućinu. Zagrabite tijesto za kolače u tavu.
i) Pecite ga oko 20 do 25 minuta ili dok ne porumeni i dok čačkalica zabodena u sredinu kolačića ne izađe čista.
j) Pustite da se ohladi u limu 5 minuta, a zatim ga prebacite na rešetku da se potpuno ohladi. Cupcakesi bez glazure mogu se čuvati do 3 mjeseca.
k) Pripremite glazuru od slatkog vrhnja:
l) U srednjoj zdjeli električnom miješalicom tucite maslac na srednjoj brzini dok ne postane kremast.
m) Smanjite brzinu na srednju i dodajte vrhnje i 1 šalicu šećera u prahu; tucite dok se dobro ne sjedini. Polako dodajte preostalu 1 šalicu šećera i soli.
n) Stavite glazuru u vrećicu s vrhom po vašem izboru i premažite kolačiće ili ih jednostavno premažite nožem za maslac ili malom lopaticom.
o) Čuvajte kolače s glazurom u hermetički zatvorenoj posudi u hladnjaku do 1 tjedna.

95. Kolačići s vrućom čokoladom

Čini: 2-4

Sastojci:
- ½ šalice višenamjenskog brašna
- 1 čajna žličica. Prašak za pecivo
- Prstohvat soli
- 1/3 šalice kakaa
- ½-1 t pahuljica ljute crvene paprike
- 2 žlice ulja
- Malo ½ šalice mlijeka
- ½ žličice. vanilija
- ¼ žličice. Jabučni ocat
- ¼ šalice šećera

Upute

a) Zagrijte pećnicu na 365°. Pomiješajte brašno, prašak za pecivo, sol i šećer. Umutiti! Dodajte mokre sastojke i miješajte dok potpuno ne postane glatko.
b) Napunite 4-5 kalupa za kolače do 2/3.
c) Pecite 20 minuta ili dok čačkalica ne izađe čista.
d) Pustite da se potpuno ohladi prije glazure.

96. Banana Crumble Muffini

Čini: 8-10

Sastojci
- 1 ½ šalice brašna
- 1/3 šalice maslaca
- 3 zgnječene banane
- 3/4 šalice šećerne trske
- 1/3 šalice pakiranog smeđeg šećera
- 1 čajna žličica. soda bikarbona
- 1 čajna žličica. prašak za pecivo
- 1/2 žličice. stolna sol
- 1 jaje
- 2 žlice brašna
- 1 žlica maslaca
- 1/8 žličice. mljeveni cimet

Upute:
a) Zagrijte pećnicu na 350 f. i lagano premažite maslacem pladanj za muffine od 10 šalica. Izvadite veliku zdjelu za miješanje i pomiješajte 1,5 šalicu brašna, sodu bikarbonu, prašak za pecivo i sol.
b) U posebnoj zdjeli pomiješajte zgnječene banane, jaje, šećer od trske i 1/3 šalice otopljenog maslaca.
c) Umiješajte ovu smjesu u prvu smjesu dok se ne sjedini. Ovo tijesto ravnomjerno rasporedite u podmazane ili maslacem kalupe za muffine.
d) U drugoj zdjeli pomiješajte smeđi šećer, cimet i 2 žlice brašna. Narežite 1 žlicu maslaca.
e) Ovu smjesu pospite preko tijesta za muffine u kalupima. Pecite 18 - 20 minuta; ostavite da se ohladi na rešetki i uživajte.

97. Muffini s limunom i kokosom

Čini: 8-10

Sastojci:
- 1 1/4 šalice bademovog brašna
- 1 šalica nasjeckanog nezaslađenog kokosa
- 2 žlice kokosovog brašna
- 1/2 žličice. soda bikarbona
- 1/2 žličice. prašak za pecivo
- 1/4 žličice. sol
- 1/4 šalice meda (sirovog)
- Sok i korica od 1 limuna
- 1/4 šalice punomasnog kokosovog mlijeka
- 3 jaja, umućena
- 3 žlice kokosovog ulja
- 1 čajna žličica. ekstrakt vanilije

Upute:
a) Zagrijte pećnicu na 350 f. U maloj posudi pomiješajte sve mokre sastojke. U srednjoj zdjeli pomiješajte sve suhe sastojke. Sada ulijte mokre sastojke u zdjelu sa suhim sastojcima i umiješajte u tijesto.

b) Ostavite tijesto da odstoji nekoliko minuta, a zatim ga ponovno promiješajte. Sada namastite kalup za muffine i svaki napunite do dvije trećine. Stavite u pećnicu i pecite oko 20 minuta.

c) Provjerite spremnost muffina tako što ćete zabosti čačkalicu u sredinu i ako izađe čista, to znači da ste spremni. Izvadite iz pećnice, ostavite da se ohladi minutu i poslužite!

98. Francuski tost kolačići

Proizvodi: 12

Sastojci:

Preljev

- ¼ šalice višenamjenskog brašna
- ¼ šalice šećera
- 2½ žlice neslanog maslaca, narezanog na komade od ½ inča
- ½ žličice mljevenog cimeta
- ¼ šalice nasjeckanih pekan oraha

kolačići

- 1½ šalice višenamjenskog brašna
- 1 šalica šećera
- 1½ žličice praška za pecivo
- 1 žličica mljevenog cimeta
- ½ žličice mljevene pimente
- ¼ žličice svježe naribanog muškatnog oraščića
- ½ žličice soli
- ½ šalice malo omekšalog maslaca
- ½ šalice kiselog vrhnja
- 2 velika jaja
- ½ žličice ekstrakta javora
- 4 kriške slanine

Upute

a) Prvo se mora pripremiti preljev. U srednjoj zdjeli pomiješajte šećer, brašno, cimet, orahe i maslac.

b) Prstima umiješajte maslac dok nema komadića većih od zrna graška. Pokrijte i stavite u hladnjak dok ne budete spremni za upotrebu.

c) Pripremite kolačiće: Zagrijte štednjak na 350°F. Kalup za biskvit od 12 čaša obložite papirnatim uloščima. U velikoj zdjeli pomiješajte brašno, šećer, prašak za pripremu, cimet, piment, muškatni oraščić i sol. Stavite na sigurno mjesto.

d) U velikoj zdjeli električnom miješalicom izmiksajte maslac, vrhnje, jaja i javorov sirup na srednjoj brzini dok se smjesa dobro ne izmiješa.
e) Smanjite brzinu blendera na nisku i dodajte mješavinu brašna. Tucite dok se jednostavno ne učvrsti. Svaku udubinu kalupa za biskvit napunite do 2/3, pecite oko 20 do 25 minuta ili dok čačkalica zabodena u središte cupcakea ne kaže istinu.
f) Dok se cupcakesi griju, pecite slaninu kako volite. Premjestite na papirnati ubrus da ocijedite višak ulja i ostavite da se ohladi. Cupcakes se moraju hladiti u kalupu oko 15 minuta. U tom trenutku premjestite ga na rešetku da se potpuno ohladi.
g) Slaninu narežite na 12 komada i utisnite komad na vrh svakog muffina.
h) Za čuvanje muffina u zamrzivaču dobro zatvorite, a može stajati i do 3 mjeseca, samo izostavite slaninu. Podgrijte u tosteru za dodatnu slast.

99. kolačići kolibri

Proizvodi: 12

Sastojci:
- 2 velike zrele banane, zgnječene
- 1 šalica višenamjenskog
- 1/2 žličice. prašak za pecivo
- 1/3 šalice ananasa (zdrobljenog (ne ocijediti)
- 1/2 žličice. soda bikarbona
- 1/2 žličice. mljeveni cimet
- 1/4 žličice. sol
- ½ šalice maslaca, na sobnoj temperaturi
- 1/2 šalice šećera
- 2 velika jaja
- 1 čajna žličica. čisti ekstrakt vanilije
- 1/2 šalice nasjeckanih pekan oraha
- 1 šalica nezaslađenog osušenog kokosa
- 1/2 šalice zlatnih grožđica
- Glazura od krem sira
- 8 unci krem sira, na sobnoj temperaturi
- 1/4 šalice maslaca, na sobnoj temperaturi
- 3 šalice šećera u prahu
- 2 žličice ekstrakta vanilije

Upute:
a) Zagrijte pećnicu na 350 stupnjeva tako da rešetku postavite u sredinu. Kalup za muffine s 12 šalica obložite kalupima za kolače u pripremi.
b) Pomiješajte banane i ananas u zdjeli.
c) Zgnječite stražnjom stranom vilice i ostavite sa strane. U zasebnoj srednjoj zdjeli umutite ili istucite brašno, prašak za pecivo, sodu bikarbonu, cimet i sol.
d) Dodajte maslac i šećer u veliku zdjelu. Tucite pjenjačom dok smjesa ne postane rahla i svijetla. Postupno stavljati jaja pa

ekstrakt vanilije. Dodajte suhe sastojke u mokre žlicama i tucite dok se temeljito ne sjedine.
e) Umiješajte ananas i banane, pazeći da ne izmiješate previše. Ubacite pekan orahe, kokos i zlatne grožđice (ako ih koristite). Ulijte tijesto u obloge, nastojeći ispuniti najmanje 2/3. Stavite u pećnicu i ostavite da se peče oko 30 do 40 minuta.
f) Znakovi gotovih kolačića uključivat će čačkalicu koja izlazi čista i izgleda zlatno.
g) Izvadite iz pećnice i stavite na rešetku da se ohladi. Kada to postignete, malom lopaticom ili kuhinjskim nožem premažite vrhove svakog kolačića. Na vrh pospite sitno nasjeckanim pekan orašima.

Glazura (kremni sir)
h) Krem sir i maslac stavite u zdjelu, a zatim pjenjačom miješajte dok ne bude vrlo glatko i bez grudica.
i) Zatim dodajte ekstrakt vanilije i fini šećer, neprestano miksajući dok ne postane svijetlo i glatko.

ZAKLJUČAK

Kao i svaka kreativna potraga, pečenje je oblik samoizražavanja koji pomaže u oslobađanju od stresa. Recept je samo recept dok se pekar ne pojavi da ga napravi - ulijevajući u njega malo svoje strasti, kreativnosti i ljubavi. Pečenje se čak može koristiti kao oblik komunikacije, za one trenutke kada riječi nisu dovoljne. Može prenijeti ljubav, zahvalnost, uvažavanje, pa čak i suosjećanje.

www.ingramcontent.com/pod-product-compliance
Lightning Source LLC
Chambersburg PA
CBHW071327110526
44591CB00010B/1059